MARINA GUZMÁN MIJARES

PADRES VALIENTES
ESTRATEGIAS PARA EDUCAR SIN MIEDO

EDICIONES UNIVERSIDAD DE NAVARRA, S.A.
PAMPLONA

Serie: Familia

Cupón para la Biblioteca Virtual

Accede a la versión eBook de este título por solo **1,99 €**. Con la compra de este libro puedes utilizar el siguiente cupón para la lectura en *streaming** desde la Biblioteca Virtual. **Sigue estas instrucciones** para visualizar tu libro:

1. Dirígete a la web de la Biblioteca Virtual en **https://ebooks.eunsa.es**.

2. En la web ve a **Iniciar sesión** e introduce tu email y contraseña. Si no estás registrado, deberás completar el proceso en **Registrarse**.

3. Tras registrarte, accede a la página del libro o lee el QR de esta página. Bajo el precio podrás **insertar el código oculto en el siguiente cupón para activar la promoción**.

Despegue para visualizar

Acceso directo al eBook

No se admitirá la devolución del libro si el código promocional ha sido manipulado.

Canjéalo en ebooks.eunsa.es

*Con acceso a internet desde cualquier navegador.

© 2025. Marina Guzmán Mijares
Ediciones Universidad de Navarra, S.A. (EUNSA)
Campus Universitario • Universidad de Navarra • 31009 Pamplona • España
+34 948 25 68 50 • www.eunsa.es • eunsa@eunsa.es

ISBN 978-84-313-3993-7
DL NA 17-2025

Fotografía cubierta
iStock, por evgenyatamanenko.

Imprime: Podiprint
Printed in Spain – Impreso en España

Índice

*A **mis papás**, que, aunque llenos de miedo, han sabido*
*ser unos **padres valientes***

Prólogo

Padres valientes es un libro fácil de leer, porque está escrito con ilusión desde la experiencia cotidiana. La autora consigue conectar desde el principio con el lector por su lenguaje cercano, al sintonizar con una realidad muy íntima de todos los padres y madres: el miedo a fallar como padres, a no estar a la altura de la responsabilidad, a no ser el papá o la mamá que mis hijos se merecen.

Desde esa perspectiva, Marina Guzmán va abordando los miedos más comunes que tienen los padres valientes, que sienten igual de miedo que los cobardes, pero lo enfrentan con esperanza y optimismo. Y lo hace con un lenguaje actual, positivo, sugerente, motivador.

Desde el miedo al hijo recién nacido hasta el miedo a la adolescencia, pasando por que "algo" (ese indefinido tan peligroso) le pueda pasar, el miedo a exigir, a mandar y que no me obedezcan, a decir que NO, a que no nos necesiten tanto y tomen sus propias decisiones, a los malos ratos, al cansancio y al aburrimiento.

Este libro aporta un buen puñado de estrategias, de consejos prácticos sobre qué hacer y qué evitar, fruto de años de experiencia educadora y sin duda ayudará a muchos padres valientes (de esos que no se dejan paralizar por el miedo, por más que lo sientan) a

afrontar la educación de sus hijos con serenidad y seguridad, teniendo muy claro que la exigencia, cuando está llena de cariño, no
rompe a nadie, sino que le ayuda a crecer como persona, que es el
objetivo de la educación.

José Antonio Alcázar

Agradecimientos

A mi esposo, **Álvaro**, por motivarme a plasmar en estas páginas la idea de un libro destinado a ser una guía valiosa para otros padres en su importante labor. Tu constante apoyo y colaboración en esta aventura, así como el compartir conmigo la extraordinaria tarea de guiar a nuestros hijos en su crecimiento, han sido fundamentales.

A mis hijos, **Ana Elisa**, **Ignacio**, **Eugenia** y **Diego**, por ser un equipo de apoyo incomparable. Cada uno de ustedes ha sido una fuente de aprendizaje constante, y es a través de sus enseñanzas que encuentro la profundidad y el verdadero significado de lo que he intentado transmitir en estas páginas.

A mi apreciado amigo **Fernando Ros**, por tus invaluables consejos desde el inicio de este proyecto, así como por tu generosidad al dedicar tiempo para leer, reflexionar y brindar sugerencias valiosas que enriquecieron esta obra.

A mi estimado profesor **José Antonio Alcázar**, por el honor de brindarme el prólogo que encabeza este libro. Tu respaldo y confianza en mi trabajo han sido un verdadero privilegio. Gracias por tus palabras, que aportan una sólida base intelectual a esta obra.

A todo el equipo de EUNSA, por permitir convertir estas ideas en una obra tangible. Gracias por cuidar cada detalle y acompañarme en este proceso creativo con tanta dedicación.

Por último, a todos **los padres y madres** que han decidido dedicar su tiempo a leer este libro, quiero expresarles mi más profunda gratitud. Espero que los consejos y reflexiones aquí compartidos puedan serles de utilidad en su valiosa y desafiante tarea. Gracias por confiar en estas palabras y permitirme ser parte de su recorrido en la educación de sus hijos.

miedo
Del lat. *metus* 'temor'.

1. m. Angustia por un riesgo o daño real o imaginario.

Introducción

He querido comenzar este libro con la definición de la palabra *miedo* que nos da el Diccionario de la Real Academia Española[1]. Te invito a leerla varias veces, palabra por palabra. Quizás, al hacerlo, hayas imaginado las veces en las que has sentido miedo ante una situación específica o varias de ellas a lo largo de tu vida. Angustia es la palabra que se utiliza en la definición. Situaciones reales o imaginarias. Cuántas veces hemos estado en esta posición, llenos de angustia por algo que nos imaginamos "pudiera pasar".

El miedo es una respuesta natural, es el sistema de alarma que posee el ser humano para reaccionar ante una amenaza. El miedo sirve para evitar un peligro, para ser precavidos y cautelosos o en ciertas situaciones puede ayudarnos a reflexionar y tomar una decisión con sensatez en vez de con imprudencia, o de forma impulsiva pensando bien las consecuencias que puede traer esa decisión que estamos por tomar.

Cuando somos padres podemos sentir miedo, temor. Podemos sentir angustia ante situaciones reales o imaginarias. Nuestra

---

1. REAL ACADEMIA ESPAÑOLA: Diccionario de la lengua española, 23.ᵃed., [versión 23.7 en línea]. https://dle.rae.es [agosto 2023].

cabeza no para de pensar infinidad de situaciones, momentos, escenarios, peligros que pueden presentarse a lo largo de la vida de nuestros hijos, desde que nacen y a medida que van creciendo. Todos los padres sentimos miedo. Todos.

Educar no es tarea fácil, es una tarea apasionante pero retadora, sorprendente pero agotadora. No existe misión más importante que la de ayudar a los hijos a crecer, es nuestra responsabilidad y nuestro deber de padres y tenemos que hacerlo bien. Con toda sinceridad puedo decirte que lo que sé hoy no era lo que sabía cuándo nació mi primera hija y que, aunque –con el pasar de los años– mi esposo y yo nos hemos ido preparando mejor como padres, nos hemos dado cuenta de que hay momentos en que situaciones completamente nuevas aparecen y te sientes una vez más como cuando recibiste a tu primer recién nacido: inexperto y asustado, lleno de miedo.

Pero con miedo es imposible educar. Vivir en constante miedo nos frena, nos paraliza y no nos deja actuar. Por eso, en este libro quisiera describir algunos miedos que se pueden presentar en tu vida diaria como padre o madre y ciertas recomendaciones concretas y necesarias para el buen desarrollo de tus hijos y que serán de muchísimo beneficio para ellos y para tu hogar. Como te comenté al inicio, muchos padres y madres hemos pasado por esto, también hemos sentido inseguridad y temor. Ya verás que en muchas ocasiones y con el pasar del tiempo, descubrirás que algunas situaciones no eran tan graves como pensabas y también por otro lado existen otras que, aunque costosas, deberás afrontar para educar mejor a tus hijos.

¿Por qué entonces escogí ciertas ideas para recomendarte en este libro? Porque considero que actualmente estamos rodeados de demasiada información: consejos y *tips* por todas partes, nuevas teorías, sinnúmero de opiniones sobre la educación, sobre crianza, sobre tendencias educativas actuales y mucho más… y, a pesar de tener toda esta avalancha de información, lo que me he encontrado con frecuencia ante esto son padres y madres confundidos, aturdidos, presionados y muchas veces asustados sin realmente tener claro qué hacer. He conocido a muchos padres con miedo a educar.

Es por ello que espero que estas líneas te sean útiles, que puedan servirte de referencia, que te den un poco de consuelo cuando haga falta y que te animen y ayuden a tener referentes claros y necesarios para que puedas educar con sentido.

Para concluir aquí y dar inicio al resto del contenido, te doy tres consejos básicos y sencillos para empezar y que te recomiendo tener presente mientras lees el libro y al momento de educar a tus hijos:

- **SENTIDO COMÚN**: busca siempre ver las situaciones que se presenten en tu hogar y con tus hijos con sentido común, serenidad y sin extremismos, comprendiendo las necesidades de tu hijo o de cada uno de tus hijos si tienes más de uno, adecuándote a su edad y buscando mantener un sano equilibrio; esto te ayudará a mantener la paz y a tomar buenas decisiones.

- **NO TE COMPARES**: evita las comparaciones, tú y tu familia son como son. Tendrán cosas que mejorar y otras que aprender, pero no te compares con otras familias. No compares a tus hijos con los hijos de tus amigos, cada uno tiene sus desafíos y cada familia en la intimidad de su hogar decidirá lo que considere mejor.

- **CONFIANZA**: confía en que, aunque sientas miedo, tienes en tus manos una de las mejores tareas y proyectos que se pueden tener en la vida: acompañar a tus hijos en su crecimiento, ayudarlos a crecer para que sepan vivir.

¡ADELANTE, atrévete a educar sin miedos!

"En la familia no se imparten lecciones, sino que se vive, y viviendo se educa"

Mariolina Cierotti

1

Miedo al recién nacido

No hay momento más emocionante, pero a la vez más ate-
rrador, que sostener a un recién nacido, a tu recién nacido. Tras
varios meses de espera, de preparación y de ilusión, al fin llega el
momento de sostenerlo en los brazos. Es un momento intenso lleno de alegría, de felicidad y de inmenso susto, e incluso se podría
decir pánico. Pensar que ese pequeño bebé dependerá completamente de nosotros puede llegar a paralizarnos.

El bebé acaba de llegar al mundo totalmente indefenso. Como
padres le enseñaremos a adaptarse y a ir forjando su propia identidad, porque el bebé es una persona única y completa aparte y
distinta de los padres, aunque mientras sea pequeño dependa casi
en totalidad de ellos.

El nacimiento del bebé va también acompañado de un sentimiento de expectativa, muchas emociones e incógnitas nos in-
vaden en este momento: ¿cómo será el bebé que acaba de nacer?,
¿cómo debemos cuidarlo de la mejor manera?, ¿qué tanto cambiará mi vida?, ¿será verdad que los padres ya no volveremos a
dormir tranquilamente?, ¿podremos darle todo lo que necesita?,
¿seré capaz de proporcionarle un entorno seguro?, ¿estoy lo su-
ficientemente preparado para ser padre? Todos los papás y todas

las mamás sentimos ese miedo con el nacimiento de cada uno de los hijos, la responsabilidad nos parece abrumadora, nos sentimos inexpertos, nos preocupa el cambio que tendremos en nuestro estilo de vida y nos inquieta pensar en la posibilidad de no hacer correctamente esta tarea tan importante.

La realidad es que no nacemos sabiendo ser padres, lo iremos aprendiendo. No te inquietes al pensar que tienes que ser el padre o la madre perfecta, ni te abrumes de la posibilidad de cometer errores. Aprenderás en el camino.

Lo que sí es de vital importancia es centrarse en la propia formación y preparación para esta tarea. Y cuando digo prepararse no hablo solamente de conseguir y proveer a nuestros hijos de todas las cosas materiales que pensamos van a necesitar, ni de los datos o información que hayamos investigado; esta preparación se refiere a tener un plan para educarlos, un proyecto familiar: ¿cómo queremos educar a nuestros hijos?, ¿qué valores y creencias vamos a inculcarles?, ¿cómo nos imaginamos que serán cuando crezcan?, ¿qué queremos para ellos?, ¿qué herramientas vamos a darles para que puedan desenvolverse en cualquier ambiente que les rodee? Como nuestros hijos van a ir creciendo y van a ir viviendo su propia vida, como padres, tenemos que hacer todo lo posible por mostrarles un camino firme a seguir para que a medida que crezcan lo vayan construyendo y recorriendo ellos mismos.

Sé que parece increíble tener que pensar en todas estas ideas cuando estamos hablando de un pequeño bebé, pero la vida es así, transcurre a una velocidad sorprendente: los hijos crecen un poco cada día y situaciones que pensamos durarán mucho tiempo terminan superándose más rápido de lo que creíamos. ¿Has hablado con los padres de un recién nacido que tienen muchas noches sin dormir porque el bebé se levanta en las madrugadas? En el momento puede parecerles que ese tiempo es eterno y que durará para siempre y, al cabo de unos meses (normalmente antes del año), ese bebé comienza a dormir toda la noche. De igual forma pasa cuando los hijos usan pañal, parece un tiempo largo, cuando en realidad suponen 2-3 años de la vida de nuestros hijos.

Y en este punto puede ser que te preguntes: ¿qué es realmente educar? ¿En qué consiste esta tarea tan importante que tenemos los padres en nuestras manos?

Educar es ayudar a crecer a una persona, sacando lo mejor que tiene dentro. Es enseñar a esa persona, a la queremos con el amor más grande, a transitar en la vida; no se trata solo de impartir conocimientos intelectuales o enseñar ciertas habilidades y destrezas necesarias para vivir. Es algo mucho más profundo: consiste en cultivar sus virtudes para que sean buenas personas, para que tengan madurez afectiva, para que desarrollen una personalidad firme y para que sepan desenvolverse en el mundo.

Los padres, al pensar en el mundo en el que vivimos, podemos sentirnos aterrados. Por eso, esta tarea es vital: ser conscientes de que nuestros hijos vienen a este mundo con todos sus peligros, con todos sus retos, con todas sus oportunidades y con todas sus aventuras.

El bebé recién nacido vendrá al mundo sin haber sido educado aún. Esta es una responsabilidad que recae en nosotros los padres: a lo largo de toda su vida le ayudaremos a irse perfeccionando, a aprender cosas nuevas, a corregir sus defectos, a crecer. En la educación, la genética representa un porcentaje bajo en comparación con lo que representan los estímulos externos que formarán y educarán al niño. Por ello, el ambiente educativo que proporcionemos a nuestros hijos será fundamental.

La educación de los hijos debe ser intencional; debemos tener un plan y no improvisar, si tenemos claro qué queremos para ellos debemos perseguir ese objetivo, pese a que el camino no sea fácil o que se presenten muchos obstáculos.

Piensa ahora en un jardinero. Para cuidar bien el jardín debe abonarlo, regarlo, cortar las plantas cada cierto tiempo, retirar la maleza que crece alrededor, remover la tierra para sembrar plantas nuevas… De la misma forma deben hacer los padres cuando educan a los hijos. No se puede esperar que, sin esfuerzo, sin constancia y sin intención crezca un bonito jardín; al igual que sin esfuerzo y constancia costará muchísimo que nuestros hijos crezcan sanos, fuertes, responsables y con carácter firme.

Educar con intención. Las cosas buenas no se logran a punta de casualidad. No lo olvides.

Para esto tenemos que exigirnos con serenidad; formarnos como padres; luchar contra la propia comodidad y el cansancio; contra los cambiantes estados de ánimo. Tenemos que ser pacientes para que, como con la planta que se riega cada día, con el pasar de los días, vaya floreciendo.

1.1 El Proyecto Familiar

Hablemos ahora del plan o proyecto familiar. En la educación de los hijos no hay tiempo que perder. No podemos darnos el lujo de dejar las cosas "para más adelante", o dejarnos llevar por el "aún es pequeño, ya habrá tiempo". Lo ideal es que papá y mamá –antes de que nazcan los hijos– sepan qué conjunto de valores y virtudes piensan transmitir a sus hijos, que tengan un *programa de vida* como le llaman José Antonio Alcázar y Fernando Corominas en su libro Virtudes Humanas[2], libro que te recomiendo si deseas formular un buen proyecto familiar.

¿Cómo queremos que sean nuestros hijos cuando crezcan? ¿Qué valores esperamos que tengan? Muchas veces pasamos por alto que, para que nuestros hijos crezcan como personas maduras y bien formadas, debemos comenzar desde pequeños con objetivos claros y acciones concretas. ¿Cuántas veces soñamos con que nuestros hijos sean ingenieros, ejecutivos de empresa, exitosos en su vida familiar y profesional? ¿Quisieras también que tu hijo sea una persona responsable, honesta, trabajadora, justa y servicial?

Pues para eso debemos con serenidad y sentido común utilizar **cada momento** de su vida para formar su carácter, para ayudarlos a crecer y desarrollarse sanamente y madurar, para modelar su voluntad y orientar su corazón: debemos buscar que sean personas virtuosas, llenas de hábitos buenos. Estos hábitos buenos permitirán que sean personas plenas y por lo tanto felices.

El entrenamiento de las virtudes podemos compararlo con el aprendizaje de un instrumento musical, tarea para la cual se deben dedicar ciertos períodos de tiempo a la semana con ejercicios y prácticas. De igual manera, tendremos que hacer algo para desarrollar una virtud. Por tanto, si esperamos que nuestros hijos sean ordenados tendremos que darles oportunidades de crecer en ese hábito con acciones diarias concretas.

Te dejo a continuación una lista de las virtudes principales o fundamentales que puedes incluir en tu proyecto familiar y las acciones para ejercitarlas desde muy temprana edad:

- **ORDEN** exterior e interior: con las cosas materiales y pertenencias; con los horarios y actividades; con la higiene y

---

2. Corominas, Fernando y José Antonio Alcázar. (2020). *Virtudes Humanas*. 8ª edición. Hacer Familia.

presentación personal; orden en los sentimientos y gestión emocional.

- **RESPONSABILIDAD**: con sus tareas, con sus cosas; que asuman retos y compromisos; que aprendan a ser puntuales, responsables de sus acciones y en las relaciones con los demás; que tengan encargos en la casa; que tomen decisiones y asuman consecuencias de acuerdo a su edad.

- **TRABAJO**: terminar las tareas que se empiezan; recoger sus juguetes, colaborar con las tareas de casa; aprender a esforzarse, a aprovechar el tiempo; tener aficiones.

- **SINCERIDAD**: decir la verdad aunque cueste, aceptar los errores, evitar las mentiras, actuar coherentemente con lo que se piensa.

- **AMABILIDAD** y **GENEROSIDAD**: ser respetuosos con los demás, tener buenos modales; estar atento a las necesidades de los otros con actos de servicio dentro y fuera de casa.

Seguramente, todos deseamos que nuestros hijos tengan las virtudes descritas anteriormente, y te digo: es una meta ambiciosa y difícil de conseguir, ¡pero no imposible!

Recuerda que, si aspiramos a que nuestros hijos las adquieran, debemos educarlos de forma intencional, con perseverancia e intentando hacer lo mejor posible, evitando la improvisación. Es un trabajo diario, lleno de atención a los pequeños detalles, es una tarea con sentido para alcanzar una meta. Un elemento positivo al trabajar las virtudes es que –cada una de ellas– colabora con el desarrollo de las otras y, al mejorar en una virtud, mejora la persona en su totalidad.

Luego, a medida que los hijos crezcan, serán libres para tomar sus decisiones y decidir su manera de comportarse,

pero nosotros, los padres, habremos puesto todos los medios posibles para enseñarles y ojalá sepan escoger lo mejor.

Y es que tenemos que pensar también en la libertad de nuestros hijos; porque como padres queremos que sean buenos niños y adultos, pero teniendo en cuenta la personalidad de cada uno, debemos ayudarles a mejorar en lo necesario corrigiéndolos con cariño, fomentando conductas libres y responsables pero sin hacernos una idea de "hijos perfectos" o "hijos sin defectos". Nuestros hijos crecerán y con libertad irán tomando decisiones y decidiendo por sí mismos, habiendo aprendido a dirigir su propia vida.

1.2 Los padres: una brújula que guía

Es importante que una vez que los padres decidan qué valores van a transmitir a los hijos, procuren vivirlos ellos primero; es muy difícil transmitir algo en lo que no se cree o que no se vive o no se intenta vivir en primera persona. Somos la principal referencia de nuestros hijos. Podemos todos los días dar un discurso de la importancia del orden y luego ser nosotros los primeros que no cuidamos nuestras cosas, que no intentamos mantener el orden en la casa o, por otro lado, decir que tenemos que ser personas honestas y sinceras, pero decir nosotros pequeñas mentiras a lo largo del día por conveniencia o comodidad.

Los padres debemos procurar ser ejemplo y modelo, aunque en la vida diaria se note también nuestra lucha por mejorar. Nuestros hijos aprenderán más de lo que nos ven hacer y de cómo actuamos qué de lo que decimos.

Te recomiendo que transmitas a tus hijos tus valores y creencias con convencimiento y convicción. Esa coherencia y seguridad dará muchos frutos en tu hogar. Si los padres son coherentes, transmiten a su vez la firmeza y la confianza necesaria para los hijos, moldeando un ambiente estable y seguro para su desarrollo. También recuerda transmitir estos mismos valores con todo el cariño y amor que posees. Cuando una persona se siente querida por otra puede confiar en ella y reconocer que lo que se enseña es porque es bueno para sí misma. Porque es así, las personas que se quieren de verdad quieren lo mejor para el otro.

Por tanto, diseña tu proyecto familiar, ilusiónate en cómo será tu hijo o serán tus hijos cuando sean adultos y pon todos los medios para educarlos.

Volvamos entonces a los primeros años de vida. Desde que el bebé nace y los siguientes años, va a depender mayormente de sus padres. Alimentarlo, bañarlo, procurar sus momentos de descanso, protegerlo del entorno, velar por su salud, llevarlo a todos los lugares ya que aún no sabe desplazarse, consolarlo cuando llore, enseñarle hábitos básicos, sus primeras palabras… serán labores y cuidados de todos los días.

El hijo pequeño necesita que sus necesidades básicas, tanto fisiológicas como emocionales, estén cubiertas por los padres: comida, refugio, descanso, seguridad, cariño, atención, abrazos, compañía. Aquí comienza a forjarse la relación con el bebé, el vínculo emocional indispensable para su desarrollo: momentos de conexión, el asombro al ver cómo comienza a descubrir el entorno, las miradas, su sonrisa cuando reconoce nuestra voz, el abrazo que le conforta.

Esta conexión emocional equilibrada con el bebé es lo que conocemos como *apego*. El bebé, al recibir los cuidados por parte de mamá y papá, sentirá seguridad, cobijo, protección, lo que luego le permitirá explorar el entorno con confianza e independencia. Este apego debe ser estable, evitando transmitir inseguridades irracionales a los hijos o, por el contrario, ignorando o evitando afrontar sus comportamientos o necesidades.

Poco a poco iremos conociendo al bebé, su temperamento, esas características innatas de su personalidad que mostrará cuando reaccione al entorno y a las interacciones con nosotros.

A mí personalmente me encanta esta etapa: el bebé pequeñito que acaba de llegar a formar parte de la familia y que necesita todos los cuidados y atenciones posibles. Es la etapa donde lo más importante es la interacción de papá y mamá con su bebé, de sus hermanos si los tiene, es la etapa de ayudarle a irse adaptando a la vida y al entorno para luego comenzar a descubrirlo.

Cuando nació nuestra primera hija, mi esposo y yo sentimos *mucho* miedo: miedo a que algo le pasara, miedo a no ser buenos padres, miedo al entorno, miedo a que se enfermara, miedo al frío, miedo al calor... Afortunadamente, pudimos contar con unos personajes maravillosos que se llaman **abuelas**. Mi mamá, por un lado, enérgica, activa, práctica, capaz de atender todas las necesidades, pero descomplicada. Mi suegra, con toda la experiencia de una mamá de familia numerosa, con la habilidad de querer a sus hijas e hijos políticos tanto como a sus propios hijos, cariñosa y sencilla. Ambas nos ayudaron a mantener serenidad y perspectiva como padres primerizos, a evitar la histeria y el nerviosismo que puede traer la inexperiencia, a ver la vida y las situaciones cotidianas –y no tan cotidianas– con objetividad, a apreciar cada pequeño momento con nuestra bebé y más adelante con cada uno de nuestros hijos. Se los agradezco infinito.

Sé que cuando nace el bebé puede aparecer otro miedo que nos abruma: las opiniones, sugerencias y comentarios de nuestros familiares. Creo que con este tema también debes buscar mantener la serenidad, agradecer las opiniones útiles y descartar las que pienses que no van con tu proyecto familiar. Papá y mamá, dentro del hogar, decidirán lo que consideren mejor para su bebé, pero también deben tener apertura a recibir sugerencias de los más cercanos que, con frecuencia, solo quieren ayudar con buenas intenciones. Déjate ayudar y piensa que la colaboración de tus familiares puede ser de gran apoyo y descanso en esta etapa.

1.3 Horarios y rutinas

Los primeros meses serán de "desvelo" por el recién nacido. Estaremos conociéndole y él conociéndonos a nosotros. Le ayudaremos a adaptarse a un mundo ruidoso, muy diferente al vientre donde se formó durante nueve meses. Son semanas de descubrimiento, de cansancio y de mucha ilusión.

Te recomiendo que desde muy pequeñito establezcas horarios y rutinas que ayuden al bebé a experimentar los diferentes momentos del día con previsibilidad: tiempos de alimentación, momentos de compañía y juego, tiempo de aseo, horario de siestas. El bebé se sentirá más seguro a medida que sepa qué esperar y a ti, como padre o madre, te brindará el orden necesario para atender tu hogar.

Recuerda que el bebé aún es muy pequeño para ser consciente del tiempo, de las horas y los minutos, pero la repetición de rutinas le ayuda a ir conociendo el "ritmo" de acciones que suceden durante el día: primero comer, luego jugar con mamá y papá, luego la hora del baño y, así, sucesivamente. De esta forma, el bebé también estará más tranquilo, porque sabe que sus padres le atienden y garantizan los cuidados necesarios tanto fisiológicos como emocionales. Sentirá equilibrio y seguridad.

Te recomiendo que los horarios y las rutinas los mantengas siempre en tu hogar, adaptándolos al ritmo de tu familia y a la edad de tus hijos; esto ayudará a promover estructura, estabilidad y seguridad en el entorno, a fomentar la autonomía y facilitar la vida cotidiana. De esta manera, podrás también organizar un poco tu propio tiempo, buscando espacios para descansar y para atender tus otras responsabilidades.

PARA RESUMIR

¿Qué hacer?	¿Qué evitar?
– Disfruta al máximo todos los momentos que tengas con tu bebé, esto ayudará a construir el vínculo afectivo.	– Agobiarte con excesivas preocupaciones.
– Procura mantener la serenidad y el sentido común en todas las situaciones.	– Prestar demasiada atención a los comentarios que hacen sobre tu bebé y/o crianza familiares y amigos.
– Asegúrate de que las necesidades básicas fisiológicas y emocionales de tu bebé estén cubiertas.	– El agotamiento excesivo al cuidar a tu bebé. Recuerda que es importante el descanso de papá y mamá para poder ofrecer los mejores cuidados a su bebé y poder educar bien.
– Define los valores y virtudes que quieres transmitir en tu Proyecto Familiar y comienza a inculcarlos desde el nacimiento del bebé.	– ¡Evita improvisar!

"No sobreproteger a tus hijos les va a hacer
a ellos más fuertes y a ti más feliz"

María Jesús Álava

2

Miedo a que algo le pase

Desde el primer momento en que comenzamos a ser padres nos preocupamos siempre por alguien diferente a nosotros mismos. Es una responsabilidad, un compromiso muy grande y una de las tareas más importantes y trascendentes que tendremos en nuestra vida. A los hijos buscaremos siempre protegerlos, cuidarlos, darles todo lo que esté en nuestras manos y todo lo que puedan necesitar. La preocupación por ellos supone dedicar muchas horas del día a pensar: si sus necesidades básicas están cubiertas, si está seguro, si está bien de salud, si está desarrollándose adecuadamente, si está recibiendo una educación escolar adecuada, si tiene todo lo material que consideramos necesario, si son felices... ¿Cuántos papás y mamás no hemos pasado días y noches viendo a nuestro bebé dormir para asegurarnos de que respira?, ¿o hemos seguido todos los pasos de nuestro niño que acaba de aprender a caminar para vigilar que no se caiga?, ¿o cuántas horas hemos dedicado a pensar a qué colegio queremos que asista?, ¿o cuáles actividades extracurriculares le permitirán desarrollar más habilidades para el futuro?

A medida que el bebé va creciendo, las situaciones empezarán a cambiar. Ya no solo pasará horas y horas durmiendo y despertando únicamente para comer cada par de horas, sino que comenzará a estar más activo, juguetón, se sentirá atraído por el entorno, los sonidos, las personas que le rodean y comenzará a interactuar con ese entorno.

¿Te acuerdas como dije que las situaciones no duran para siempre? Verás cómo en unos pocos meses tu bebé cambia, se mueve, explora. En un tiempo relativamente corto, este bebé se convertirá en un niño, con deseos de aprender y con una curiosidad cada vez mayor hacia lo que le rodea. Querrá descubrir hasta dónde puede llegar, comenzará a relacionarse, a interactuar más, y todas las preocupaciones que teníamos los padres en un inicio, cuando apenas era un bebé, aumentarán.

Pero ALTO, ¿puede ser que esta preocupación por nuestros hijos en algunos casos sea extrema?, ¿que de tanto preocuparnos nos convirtamos en padres posesivos, apegados y controladores sin capacidad de desprendernos un poco de ellos?, ¿podrá ocurrir que por querer resguardarlos de todo lleguemos a anularlos y/o sobreprotegerlos en las diferentes situaciones que se les presenten?, ¿que por no querer verlos sufrir evitemos a toda costa cualquier cosa que les incomode o que les cause contrariedad? Y ojo, lo dije anteriormente: a nuestros hijos, *sea cual sea su edad*, *siempre* los vamos a querer proteger y cuidar.

Ningún padre o madre querrá que su hijo sufra intencionadamente o que tenga situaciones difíciles que afrontar, pero...
¿es posible vivir permanentemente en el extremo de la sobreprotección?, ¿somos conscientes de lo que este estilo educativo puede causar negativamente en nuestros hijos?

2.1 El peligro del exceso de protección

La respuesta a todas esas preguntas es sí. Es muy cierto que no hay amor más grande que el que sentimos por nuestros hijos. Daríamos lo que fuera por hacerles la vida lo más fácil y sencilla posible. Somos los responsables de velar de que sus necesidades estén cubiertas y, por ello, debemos cuidarles, ayudarles, atenderles.

En especial las madres, sentimos muchas veces no sólo la necesidad de proteger a nuestros hijos, sino que también queremos y esperamos sentirnos necesitadas por ellos, ser ese personaje indispensable en su vida. No vamos a discutirlo: nadie conoce a nuestros hijos como nosotras. Podemos distinguir sus diferentes tipos de llanto, e incluso con solo verles la cara ya sabemos si están tristes, molestos, cansados o a punto de enfermarse. Somos capaces de buscar miles de soluciones y resolver cualquier situación que se les presente. Si supiéramos qué cosas les costarán en el futuro, estaríamos dispuestas a evitárselas como fuera… pero sobreprotegerlos no es ni será nunca bueno para ellos.

Rafa Guerrero, psicoterapeuta, describe la *sobreprotección* como la educación de los hijos a través de nuestros propios miedos[3]. Recuerda lo que mencioné al comienzo del libro: los miedos nos acompañarán en muchos momentos de nuestra vida y habrá ocasiones en que nuestros hijos tengan que enfrentarse a situaciones complejas, peligrosas o dolorosas. Pero muchas otras veces esos miedos estarán solo en nuestra imaginación y –puede ser– que nunca lleguen a suceder. Por lo tanto, no podemos dejar que nos guíen en nuestro actuar.

---

3. Guerrero, R. [@rafaguerreropsicologo]. (29 de julio 2023). Buenas noches. Creo que no entendemos bien el concepto de "sobreprotección", pues creemos que el padre o la madre sobreprotectora [Fotografía] Instagram. https://www.instagram.com/p/CvSrPL0IE4b/?igsh=MW4xNDNuajAzYmtwbA==

No digo que no tomemos en cuenta los peligros, que dejemos de estar atentos a las necesidades de nuestro hijo o que no nos preocupemos por su bienestar, no. No es dejadez ni descuido lo que quiero explicarte aquí, es el exceso de protección que nos puede llegar a bloquear y limitar.

El otro día leí una frase que decía: "en la educación siempre hay algo de incertidumbre porque no podemos controlarlo todo". Y es que el exceso de preocupación nos lleva a querer tener todo bajo una especie de lupa alrededor de nuestros hijos y, cuando les llega una situación que no teníamos prevista, cuando los vemos frustrados o cuando se les presenta una contrariedad o dificultad nos derrumbamos y no sabemos cómo ayudarles a manejarla. Esto nos puede convertir en padres constantemente ansiosos, nerviosos e intranquilos y muchas veces excesivamente emocionales. Rafa Guerrero en otro de sus libros, *Educación Emocional y Apego*, cuenta que la emoción a la que los padres más temen es a la tristeza de sus hijos[4], la preocupación por verles así les desborda y nubla muchas veces el actuar. Tenemos miedo a verlos sufrir y por ello tendemos a sobreprotegerlos.

La gestión de nuestras propias emociones será también un elemento muy importante en la educación de los hijos. Somos su principal modelo de comportamiento: los hijos aprenden, de lo que nos ven hacer; por tanto, la forma en que gestionemos nuestras emociones y reacciones ante las diferentes circunstancias influirá en cómo nuestros hijos gestionarán sus emociones en el futuro.

Si vivimos en constante miedo, si nos imaginamos infinita cantidad de escenarios negativos y catastróficos que pueden pasar, si no gestionamos bien las preocupaciones que sentimos, vamos a

---

4. Guerrero, Rafa. (2018). *Educación Emocional y Apego*. 7ª edición. Editorial Planeta.

transmitir esto a nuestros hijos haciéndoles crecer en un ambiente lleno de temores y de inseguridad.

Recuerdo cuando uno de mis hijos comenzó sus clases de natación. Los padres teníamos que esperar sentados a los lados de la piscina mientras el profesor enseñaba a los niños diferentes movimientos en el agua. Un día, llegó el momento de aprender a hacer clavados, y no puedo olvidar la expresión en el rostro de mi hijo cuando el profesor le pidió que saliera por la escalera lateral y se lanzara al agua con las manos en forma de flecha. No exagero al decir que en ese momento quise saltar yo también a la piscina, decirle al profesor que mejor lo tomara de la mano o que lo ayudara desde más cerca por si no se atrevía a saltar solo. Incluso pensé que no era necesario que aprendiera a hacer clavados en ese momento, que podría hacerlo más adelante, o que, después de todo, si no iba a ser nadador profesional, tal vez no era indispensable. Pero me quedé quieta, en silencio, esperando (lo que parecieron minutos interminables) y, al poco tiempo, lo vi lanzarse al agua. No fue con mucho estilo, debo admitir, pero lo hizo. Se enfrentó a una situación nueva, desafiante, y lo logró.

Es cierto que no todos los ejemplos son tan sencillos y cotidianos como éste. Hay momentos mucho más complejos y difíciles: la preocupación e inquietud que podemos sentir por los peligros del entorno en el que vivimos (algo que se agrava con las noticias que se nos presentan diariamente), cuando se enferman, cuando se caen y se dan un golpe fuerte o el miedo ante un posible accidente, cuando regresan del cole tristes o molestos por una discusión con un compañero, cuando la frustración se hace presente en ellos al esforzarse en una tarea o en el estudio y no conseguir una buena nota, cuando van creciendo y no entienden los cambios que están experimentando a nivel físico o emocional, cuando sienten presión social de parte de sus compañeros o los excluyen de alguna actividad, la incertidumbre que podemos sentir sobre su futuro…

Existen numerosos ejemplos de momentos realmente duros y complejos y −cuando somos padres− esa tristeza, decepción, frustración, rabia y dolor la sentimos en cierta forma nosotros también y nos cuesta y nos duele.

Existe el falso concepto de que somos mejores padres si les ayudamos a evitar todas las situaciones difíciles y las emociones desagradables, si mantenemos una especie de ambiente "mágico" sin contradicciones; pero realmente somos mejores si les damos las herramientas para enfrentar esas situaciones, para reconocerlas y para con criterio, paso firme y decidido ayudarles a superarlas.

Numerosos expertos en educación utilizan una frase que dice: "sobreprotegerles en verdad es desprotegerles", así como también expresan que "no podemos preparar el mundo para los hijos sino preparar a los hijos para el mundo, este mundo en el que les toca vivir".

La vida estará siempre llena de dificultades y no hay mejor enseñanza que aprender a esforzarse y entrenarse para afrontarlas, una y otra vez. ¿Te imaginas aislar completamente a tu hijo del entorno por el hecho de que haya situaciones difíciles que puedan ocurrirle? ¿Evitarle que explore y que se relacione con otros por temor? ¿Qué te conviertas en un padre o madre posesivo que limites su autonomía? ¿Qué quites cada mínimo obstáculo que se presente en su vida?

Te entiendo si piensas que estarías dispuesto a hacer todo esto por tu hijo o que protegerlo de cada situación difícil sea tu deseo más profundo (estoy segura de que es por buena intención), pero no es una realidad, no podemos tener a nuestros hijos dentro de una burbuja, alejados del mundo real y de los demás, porque les estaríamos privando de vivir la realidad. Como padres, claro que tenemos que ser cautos, evaluar las diferentes situaciones y acompañarlos con nuestro criterio desde que son pequeños y a lo largo de toda su vida. Criterio, confianza, sensatez y sentido común, cuatro elementos que no te deben faltar.

2.2 Casos reales

Te planteo a continuación algunas situaciones de sobreprotección que no son beneficiosas para tu hijo y que pueden limitar su independencia, minar su autoestima y obstaculizar el desarrollo de habilidades que necesitará para enfrentar desafíos presentes y futuros:

- Evitar por completo riesgos como jugar al aire libre o practicar algún deporte por miedo a un accidente;
- Intervenir inmediatamente para resolver cualquier problema o conflicto en lugar de permitirle encontrar soluciones por sí mismo;
- Excesiva y constante preocupación por su bienestar limitando su autonomía;
- Supervisar cada instante y cada acción o actividad creando un entorno desmesuradamente controlado;
- Evitarle emociones desagradables o difíciles;
- Brindarle absolutamente todo lo que pide (no siendo una necesidad) por miedo a la incomodidad o a que no se sienta correctamente atendido.

Creerás que exagero, pero muchas veces he conversado con padres o madres que temen que sus hijos se suban a un *playground* por miedo a que se golpeen (recuerda que si es un peligro visible debes evitarlo, pero la mayoría de los *playgrounds* de hoy en día son bastante seguros), o que intervienen en discusiones entre los niños en vez de dejarlos gestionar sus conflictos (de nuevo, si fuera una discusión grave debes intervenir, pero en malentendidos de niños es conveniente que aprendan a gestionar su conflicto y ponerse de acuerdo).

Eva Millet, en su libro *Hiperpaternidad,* describe a los llamados "padres helicóptero"[5], término que se refiere al tipo de padres que supervisan constantemente a los hijos, que buscan controlar –como mencioné anteriormente– todos los elementos del entorno que les rodea, que llegan incluso a hacer cosas absurdas con el único fin de evitar a sus hijos una dificultad o contrariedad.

Ser sobreprotectores puede llegar a ser asfixiante para nuestros hijos además de traerle más desventajas que beneficios en su desarrollo y en la formación de su carácter y personalidad. Es importante tener esto presente ya que muchas veces podemos caer en este extremo sin darnos cuenta.

Unos amigos me contaban que siempre que jugaban un juego de mesa en familia dejaban que su hijo de siete años ganara (o le decían que ganaba aunque perdiera), porque decirle la verdad era muy difícil para ellos y –para que su niño lo asimilara– ya lo habían hecho en una ocasión y su hijo había llorado porque se había sentido frustrado. Habían pasado todos un momento muy incómodo y no querían repetirlo, no querían que "sufriera" por eso, porque al fin y al cabo era un simple juego.

Sin embargo, proteger a nuestros hijos de pequeñas frustraciones no les hace bien, al igual que hacerles creer que siempre se gana y nunca se pierde. ¿Te has dado cuenta de que en muchos torneos infantiles hoy en día todos los participantes reciben medallas? No pretendo ser cruel, pero en la vida y en el deporte, sí existen ganadores y perdedores; la competencia es real. En el ámbito laboral, por ejemplo, varias personas pueden postularse para un mismo

---

5. Millet, Eva. (2016). *Hiperpaternidad.* Primera edición en esta colección. Plataforma Editorial.

puesto, pero al final solo una es seleccionada. Lo que realmente debemos enseñar a nuestros hijos es a esforzarse por alcanzar sus metas, entrenar con dedicación, estudiar y dar lo mejor de sí en cada intento. ¿Conoces la frase "lo importante es participar"? Mi papá siempre ha agregado a esa frase: "¡pero hay que jugar para ganar!" Darlo todo. Esforzarse.

Nuestro hijo pequeño va a necesitar todo de nosotros, pero a medida que vaya creciendo, lo que va a necesitar es que lo vayamos soltando (poco a poco, aunque nos cueste), que empiece a hacer cosas por él mismo, que explore su entorno (capacidad necesaria para desarrollar la curiosidad y el aprendizaje), a separarse sanamente de papá y mamá, a vivir pequeños momentos de frustración y de éxito que le enseñen el valor y la importancia de la perseverancia y el esfuerzo, y que poco a poco vayan formando su carácter, madurando sus afectos.

Sé que a veces podemos pensar que para qué vamos a permitir que nuestro hijo "pase" por estas situaciones desde tan pequeño si ya la vida le dará muchas dificultades y retos... y precisamente por eso: ¡no podemos esperar a que crezca para enseñarle! Porque luego no sabrá como actuar, su voluntad no estará entrenada para superar esas situaciones y le habremos dejado indefenso. Nuestro hijo debe ir creciendo para aprender a dirigir su propia vida de forma progresiva y es nuestro deber prepararlo para ello.

2.3 Apartarnos un poco

Es primordial que mantengamos una sana distancia con cada uno de nuestros hijos, procurándoles todo lo necesario para desarrollarse, pero también dándoles pequeños espacios para crecer en autonomía y en su propia independencia; en su intimidad y autoconocimiento. Mariolina Ceriotti en su libro *La familia imperfecta* (joya de libro que recomiendo) habla de lo importante que es, con cariño y delicadeza, dar espacio personal a cada uno de nuestros hijos[6], a su intimidad, por ejemplo, ofreciéndoles un lugar propio y adecuado para dormir y para jugar; momentos supervisados y pequeños espacios de soledad. Muchas veces converso con padres que me comentan que no son capaces de dejar a su bebé o hijo pequeño solo por un segundo, que prefieren llevarlo en brazos por toda la casa con tal de tenerle siempre supervisado. ¿Recuerdas lo del sentido común? Aquí es importante tener eso en cuenta. Como padre debes garantizar la seguridad de tu bebé siempre, por tanto, si está dormido en su cunita y compruebas que no hay peligro, puedes darle ese espacio de descanso mientras haces tú alguna otra actividad en casa.

Tener en cuenta que no puedes estar siempre supervisando a tu hijo va a ser importante también para que cuando transite en la adolescencia –y la distancia entre tu hijo y tú parezca hacerse más evidente– respeta, aunque te cueste, sus momentos de soledad, de apartarse un poco de papá y mamá.

¿Qué pasa entonces si los sobreprotegemos continuamente, si convertimos la sobreprotección en nuestro estilo educativo? Posiblemente nuestro hijo se convierta en un niño y adolescente frágil, dependiente e inseguro. Buscará constante aprobación, será incapaz de tomar decisiones o asumir retos porque los padres en todo momento habremos estado ahí para tomarlas por él o por ella. Tendrá dificultad para adaptarse a situaciones nuevas y aceptar compromisos, presentará miedo y poca tolerancia a los momentos de frustración, ya que usualmente los padres habrán evitado o habrán resuelto los conflictos por él.

Una amiga, profesora de primaria con muchos años de experiencia, me comentaba que, en los últimos años, ha notado un

---

6. Ceriotti, Mariolina. (2019). *La familia imperfecta*. Ediciones RIALP.

aumento en la intervención en el colegio por parte de los padres de sus alumnas. Recibe constantes mensajes justificando las faltas de tareas o cuestionando ciertos trabajos que hacen en clase que le resultan difíciles a sus hijas, e incluso quejándose cuando sus hijas reciben una calificación que no es la que ellos esperaban.

Y es que hay padres y madres que no solo sobreprotegen a sus hijos en la infancia, sino también en la adolescencia y vida adulta. Hace pocos días, una mamá de mi colegio me contaba que había contratado dos nuevos pasantes para su empresa, unos jóvenes de dieciocho y diecinueve años, estudiantes de universidad. El día antes de que los pasantes comenzaran su trabajo, recibió la llamada de la mamá de uno de los jóvenes preguntando cuál era el código de vestimenta que tenía que vestir su hijo, para que él pudiera presentarse al día siguiente como era esperado. Adicionalmente hizo otras preguntas sobre: el ambiente laboral, la carga de trabajo y otros detalles más, argumentando que tenía que asegurarse de cómo era el lugar donde su hijo iba a empezar a trabajar.

Varios autores contemporáneos destacan cómo un número creciente de adolescentes enfrenta trastornos de ansiedad y temor, en gran parte debido a que, durante su infancia, se les protegió de contratiempos, pequeños momentos de frustración y espera. Al ser el centro de atención en sus familias, se les procuró una vida sin carencias ni dificultades, resolviéndoles todos sus problemas. Esto, lamentablemente, les privó de las herramientas necesarias para enfrentarse a los desafíos por sí mismos. Años después, cuando se les presentan situaciones nuevas, complejas, difíciles o incluso dolorosas —como las mencionadas en este capítulo—, las consideran "insoportables" e "inaguantables".

Recuerda que el tiempo pasa muy rápido, que nuestro hijo pequeño irá creciendo cada día y debemos con intencionalidad

prepararlo para el momento presente y las siguientes etapas de su vida. Lo que sembremos hoy se verá reflejado luego.

Como mamá entiendo que la tendencia a sobreproteger nace de un deseo sincero de cuidar a los hijos por encima de todo, pero también a lo largo de los años he visto los efectos negativos que esto puede traer. Padres que, sin darse cuenta, justifican y excusan todos los comportamientos de sus hijos (cuando claramente hay situaciones y comportamientos que corregir), cuando la sobrepreocupación por el bienestar de los hijos causa continua ansiedad y angustia, cuando complacen todos los caprichos (porque de lo contrario su hijo se molesta), cuando evitan poner límites a sus hijos porque temen "que no les quieran" o porque se sienten malos padres al no dar "libertad" de hacer lo que quiera su hijo (cuando te aseguro que quieres más a tu hijo si estableces límites de manera firme y cariñosa).

Recuerda que los actos de protección diarios que nuestro hijo necesita no harán que se convierta en un niño sobreprotegido, para que esto suceda debemos mantener este estilo educativo de forma *continua y permanente.* Por ejemplo, si vamos de compras al centro comercial con nuestro hijo de 5 años, le diremos que tome nuestra mano durante el tiempo que estemos ahí porque es un lugar público, abierto y lleno de gente (esto es un acto de protección), pero en nuestra casa podemos dejarle jugar y explorar en el jardín solito desarrollando su creatividad e imaginación (partiendo del hecho que no hay peligros visibles, quizás encuentre una lombriz o algún otro "bichito", pero no debes entrar en pánico). Cuando sean un poco más grandes les iremos dando espacio para salir y relacionarse en otros entornos donde nosotros no estaremos, explicándoles con sencillez los cuidados que deben tener, pero sin transmitirles excesivo miedo. Lo importante es conseguir equilibrio (recuerda, con sensatez) entre cuidar y dar espacios y momentos de independencia, ¡debemos dejarles crecer!

Esta imagen puede ayudarte a recordar la importancia del balance entre exceso y ausencia de protección:

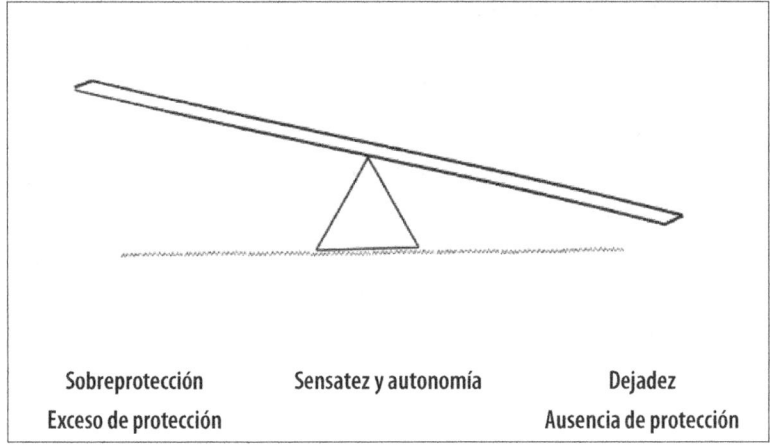

Sobreprotección	**Sensatez y autonomía**	**Dejadez**
Exceso de protección		**Ausencia de protección**

Es importante que los padres tengamos claros los efectos que un estilo sobreprotector puede tener en los hijos, que procuremos mantener la serenidad y sensatez ante las diferentes situaciones, que no nos dejemos invadir por la emocionalidad, las preocupaciones e inquietudes. Ambos debemos buscar mantener el equilibrio entre protección y autonomía, apoyarnos mutuamente y recordar lo que conviene y es más beneficioso para los hijos.

A continuación te voy a presentar algunas ideas que pueden servirte como un pequeño *test*. Si te identificas con varias de ellas es probable que estés siendo un padre o madre sobreprotector:

- Hablas en plural de cosas que corresponden a tu hijo: "hicimos la tarea", "tenemos partido de fútbol"...
- Si tu hijo deja algo en casa vas al colegio a llevársela: tarea, materiales, botella de agua, merienda,...
- No permites que tu hijo juegue en árboles, *playgrounds* o haga ciertos deportes por miedo a que se caiga.

- Cargas tú las cosas de tus hijos: mochila, lonchera, bolso con juguetes...
- En una discusión de tu hijo con sus amigos sueles intervenir para defenderle.
- Muchas veces al día usas la frase "pobrecito" cuando piensas o pides algo que a tu hijo le cuesta: despertarse temprano, ir a dormirse a la hora, decirle que no a un dulce antes de cenar...
- Haces que tu hijo gane en los juegos de mesa o videojuegos para que no "sufra".
- Si un profesor o profesora le llama la atención a tu hijo por un comportamiento incorrecto vas inmediatamente a la escuela a dar quejas.

PARA RESUMIR

¿Qué hacer?	¿Qué evitar?
– Deja que tu bebé/niño explore y se relacione con su entorno.	– La supervisión constante y permanente (padre helicóptero).
– Permite que tenga pequeñas frustraciones (perder en un juego, esperar el turno).	– Resolver sus conflictos.
– Asegúrate de que tu hijo tenga sus necesidades básicas cubiertas.	– Conceder todos sus caprichos.
– Permite que tome pequeñas decisiones de acuerdo a su edad.	– Tomar todas sus decisiones, sobre todo cuando van creciendo.

"Ayudar al niño a conocer y a respetar los límites es una de las tareas más importantes que puede tener cualquier padre para favorecer el desarrollo intelectual y emocional de sus hijos"

Álvaro Bilbao

3

Miedo a ejercer la autoridad

Voy a decir a continuación algo que quizás suene muy duro y que a lo mejor te cueste leerlo la primera vez: *en casa mandan papá y mamá*. En casa mandan papá y mamá con todo el amor y cariño del mundo, buscando lo que es mejor para cada uno de sus hijos, porque los hijos, mientras son pequeños, no tienen la capacidad ni la madurez intelectual ni afectiva para decidir sobre ciertos asuntos, para distinguir lo correcto de lo que no es correcto ni para saber qué cosas les convienen. ¿Qué niño de 3 o 4 años quiere ir a dormir por la noche e interrumpir quizás un juego divertido? Sin embargo, los padres sabemos que es indispensable para su crecimiento que duerma, por lo menos, diez horas cada noche; así como sabemos que las vacunas son necesarias a lo largo de la infancia, aunque el pinchazo les duela. ¿Qué niño quiere voluntariamente dedicar unas horas de estudio para un examen en vez de jugar fútbol con sus amigos? Y ni se diga que prefieren comerse un dulce en vez de un plato de verduras en la cena.

Parte de nuestra obligación como padres es mostrar a nuestros hijos qué hacer para que luego ellos puedan tomar sus propias decisiones, para que aprendan a ser responsables. Por ejemplo, actualmente muchos padres dejan a sus hijos la decisión de a qué escuela o colegio van a asistir, sin ser conscientes de que esa es una decisión para la que todavía no están preparados.

En el transcurso de la infancia, el niño va creciendo y su cerebro está en pleno desarrollo, por lo tanto, las áreas encargadas de la toma de decisiones y la resolución de problemas aún no han madurado del todo. Adicionalmente, su experiencia es aún limitada, ha tenido pocas oportunidades de aprender de las diferentes situaciones de su entorno y no es realmente consciente de las consecuencias que sus actos y decisiones puedan traer.

Actualmente, existe un rechazo a la palabra *autoridad*, a todo lo que suene a reglas e imposición. Sin embargo, en educación, la autoridad es necesaria y los padres tenemos la obligación de ejercerla por el bien de nuestros hijos. Una autoridad positiva bien ejercida es de mucha ayuda en el hogar.

Papá y mamá son como la torre de control de un aeropuerto que guía con detalle a todos los aviones que despegan y aterrizan. Sin esa guía, el aeropuerto no podría funcionar bien y se crearía un caos aéreo total. Entonces, los padres deben tener siempre presente esa imagen de guía, para tomar las decisiones oportunas que sean buenas para sus hijos hasta el momento que ellos sean capaces de tomar esas decisiones solos y asumir sus consecuencias.

A medida que los hijos vayan creciendo notarán en los padres la coherencia y consistencia que tienen al actuar. Esto les dará seguridad, saber que papá y mamá procurarán decir lo que hay que decir y harán lo que piensen es más correcto.

Ser consecuentes con nuestro estilo de autoridad permitirá crear un entorno donde nuestros hijos crezcan seguros, con un desarrollo emocional equilibrado y con una base firme donde edificar su futura personalidad, además de que podrán contar siempre con nosotros como un referente y soporte firme.

No quiero decir con esto que los padres siempre tienen todas las respuestas o que no se equivocan, porque claramente no es cierto. No obstante, muchas veces tomamos decisiones dependiendo de lo que hacen los demás o para quedar bien, sin darnos cuenta que estamos yendo en contra de lo que realmente pensamos y creemos conveniente.

Cuando hay ausencia de autoridad, los hijos crecen inseguros. Aunque a los padres les cuesta exigir y poner reglas (y a veces los hijos se quejan de esas reglas, o las cuestionan), en realidad les dan mucha tranquilidad, porque les indican el camino. La autoridad debe ser siempre positiva, cariñosa pero firme.

3.1 Una receta: firmeza + cariño

Fernando Alberca en el libro *Educa sin Estrés*[7] nos resume de forma sencilla a qué se refieren estos dos conceptos de *cariño* y *firmeza* a la hora de educar. Él expone que el 80% de nuestro estilo educativo debe estar basado en el cariño, lo que implica, entre otras cosas: tener paciencia; procurar mantener una actitud amable y serena hacia los hijos; saber esperar cuando hace falta; mostrarles respeto y admiración; confiar en ellos; dar espacios de libertad y mucho amor. Por otra parte, el 20% restante debe basarse en la firmeza y exigencia, lo que requerirá tener ciertas normas o reglas claras que se cumplan; donde también se pida a los hijos que realicen ciertas acciones (encargos, responsabilidades); donde existan consecuencias de los actos y mucho acompañamiento de parte de los padres.

---

7. Alberca, Fernando. (2020). *Educa sin Estrés*. Primera edición. Editorial Toromítico.

> Ojalá nuestras casas no sean las casas de las prohibiciones,
> donde casi nada está permitido. Al revés, nuestra casa
> debe ser una casa donde se puedan hacer muchas cosas,
> donde se pueda elegir, donde se pueda vivir.

¿Te acuerdas del equilibrio del que te hablé anteriormente entre protección e independencia? Con el tema de la autoridad es igual, existe el peligro de caer en otros dos extremos: el autoritarismo (aunque en las generaciones actuales de padres esto es cada vez menos frecuente), ese estilo caracterizado por la rigidez en las reglas, altos niveles de exigencia y control y en numerosas ocasiones falta de calidez y afecto de los padres hacia sus hijos; o por el contrario el permisivismo, estilo caracterizado por la indulgencia y la falta de límites, por padres excesivamente dóciles ante las demandas de los hijos, por presentar una desmedida tolerancia a comportamientos inadecuados, una amistad excesiva con los hijos y temor a quedar mal con ellos. Digo amistad excesiva (esa relación que más de padre a hijo es de amigo a amigo) porque una buena amistad con nuestros hijos también va a ser un elemento importante en su crecimiento. Por tanto, debe existir equilibrio, ser guías sin asfixiar, establecer límites sin controlar en exceso, fomentando la independencia y dando espacio a la libertad personal de cada uno. Ni el autoritarismo ni el permisivismo son buenos para nuestros hijos.

Te ilustro de nuevo la idea de equilibrio de la siguiente forma:

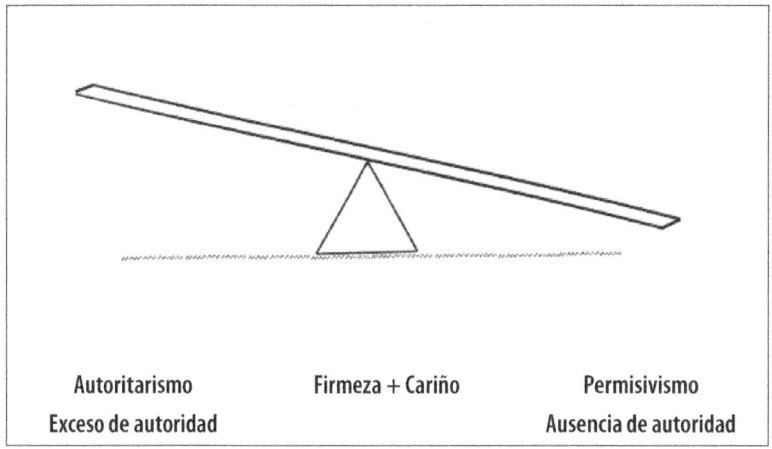

Autoritarismo	**Firmeza + Cariño**	**Permisivismo**
Exceso de autoridad		**Ausencia de autoridad**

3.2 Definiendo las reglas

Cuando hablo de establecer límites me gusta empezar con un par de ejemplos muy gráficos que nos ayudan a darnos cuenta de que los límites son necesarios en la vida de nuestros hijos.

No sé si recuerdas (depende de lo joven que seas) que después del 11 de septiembre de 2001, el ataque de las Torres Gemelas, los sistemas de seguridad de los aeropuertos cambiaron por completo; se intensificó la revisión de equipaje, las normas de lo que se podía llevar en el equipaje de mano, así como una supervisión muy estricta de cada procedimiento que se debía realizar desde la llegada al aeropuerto hasta abordar el avión. Más de una vez me ha tocado presenciar, junto con mi esposo y mis hijos, cómo funcionarios del aeropuerto retiraban a alguien de las filas por un comportamiento sospechoso o extraño, por intentar pasar por confusión o descuido del espacio delimitado por la seguridad, por pretender quebrantar alguna de las indicaciones que por todas partes están expuestas.

Pongamos otro ejemplo. Cuando una persona comienza a trabajar en una empresa, lo primero que hace es firmar su contrato de trabajo. En ese contrato se detallan las funciones que debe realizar, el horario, los días de vacaciones, cuánto será su remuneración, así como los códigos de conducta de la empresa.

En la sociedad hay límites, hay normas que se deben seguir y respetar. Incluso el cuerpo humano es limitado: no podemos volar, ni podemos estar en dos lugares a la vez.

En el ámbito familiar es donde los hijos deben aprender a respetar los límites, límites que les permitan funcionar dentro del hogar y fuera de él.

La familia los integra dentro del hogar de forma natural y, de esta forma, se les enseña a los hijos que los límites en el entorno existen, que hay cosas que se pueden hacer y que no se pueden hacer, cómo debe ser el comportamiento en las diferentes situaciones de la vida para tener una sana convivencia con los demás.

Los hijos necesitan crecer sabiendo que tienen unos padres sensibles, cercanos y empáticos, pero firmes y con criterio al enseñar lo que está correcto y lo que no. Por ejemplo, si nuestro hijo va tirando cajas de cereales del supermercado mientras camina o te cuenta que insulta a sus amigos en el colegio porque es gracioso, tendremos que explicarle que a las personas se les respeta y que las cosas del supermercado no son para jugar.

Los límites nada tienen que ver con la comodidad, no establecemos un límite porque nos conviene o porque nos facilita ciertas cosas, por ejemplo: impedimos a nuestra hija adolescente ir a una fiesta por el simple hecho de la incomodidad que supone ir a buscarla de noche. Tampoco nos inventamos un límite según se nos ocurre en un momento determinado, como por ejemplo si un día estamos cansados y decidimos que los niños se vayan a dormir más temprano de su horario usual porque ya no queremos atenderlos.

Los límites se establecen en común acuerdo entre papá y mamá, y deben ser justos e ir acorde a la edad de nuestros hijos. A medida que vayan creciendo podemos irlos cambiando y disminuyendo. Cuando no ponemos límites, nuestros hijos van creciendo sin poder manejar correctamente su libertad, les cuesta reconocer y gestionar sus emociones y crecen creyendo que pueden hacer lo que quieran, dejándose llevar por el capricho y no por la responsabilidad. Por tanto, los límites deben ser lógicos y adecuados para que los hijos puedan cumplirlos.

Dentro de los límites que debemos poner a nuestros hijos podemos mencionar los relacionados con la propia seguridad y que no son negociables, por ejemplo: cuando son pequeños no se utilizan objetos peligrosos (objetos afilados, productos de limpieza…), se va a la calle acompañado de un adulto de la familia, no se habla con extraños, no se realizan actividades que pongan en riesgo la propia seguridad.

Por otro lado, tenemos los límites de bienestar y convivencia que contribuyen a que nuestros hijos crezcan en un ambiente equilibrado tanto física como emocionalmente. Algunos de estos límites son: tener un horario acorde a las diferentes actividades que se realizan en el día (horarios para comer, dormir, estudiar, descansar, aunque durante el fin de semana puedan cambiar), rutinas de higiene personal, entre otros. Tener un espacio adecuado para dormir (su cuna, su propia habitación), una dieta alimenticia balanceada, tener claras las normas de convivencia dentro y fuera de la casa: se enseña y se fomenta el respeto a la hora de relacionarse con los demás utilizando buenos modales y una comunicación asertiva, límites en el uso de pantallas, etc.

Establecer los límites y mantenerlos no es tarea fácil. Nuestros hijos intentarán desafiarlos en diferentes momentos porque su cerebro en desarrollo aún no tiene la madurez para entender por qué esos límites existen. Por esa misma razón nosotros como padres debemos de nuevo ser consistentes, lo que hemos propuesto se mantiene y se respeta.

La improvisación en los límites o la inconsistencia al establecerlos puede traer confusión e inestabilidad.

Los límites en tu familia ayudarán a que tu hijo o tus hijos tengan estructura y rutina, esto les dará mucha seguridad. Un hogar sin límites es un hogar donde reina el caos y donde frecuentemente los niños se sienten inseguros porque no saben qué esperar de cada situación. Recuerdo que una amiga me comentaba cómo en la pandemia por el Covid-19 muchas personas se sentían inseguras y ansiosas al no saber si al día siguiente iba a acabar por fin el confinamiento o si se seguiría en casa, sentían angustia al no saber qué iba a pasar con los trabajos y con la vida "normal y corriente". Esta amiga me decía que esa sensación de incertidumbre es lo que sienten nuestros hijos cuando no les hemos brindado límites conscientes y firmes, se sienten perdidos, no tienen la estabilidad necesaria que brindan unos pocos límites, pero consistentes.

Cuando nuestros hijos son pequeños no es necesario dar largas explicaciones sobre los límites; tu niño de un año no necesita explicaciones sobre los diferentes accidentes que pueden ocurrir si toma los utensilios de cocina (no está preparado para entenderlos); lo que sí debe quedarle claro es que con los utensilios no se juega. A medida que vaya creciendo y su cerebro madure, sí necesitará explicaciones sencillas que argumenten los límites establecidos. Pilar Guembe y Carlos Goñi en su libro *Educar sin Castigar* lo resumen así: "tu bebé necesita atenciones, tu hijo pequeño limitaciones y tu adolescente necesita razones"[8].

8. Guembe, Pilar y Carlos Goñi. (2013). *Educar sin Castigar*. 2ª edición. Desclée De Brouwer.

Es posible que al marcar un límite entremos en "conflicto" con nuestro hijo, ya que su reacción natural será la resistencia. Te recomiendo anticipar a tu hijo en la medida de lo posible; recordarle con sencillez lo que se ha planteado en el hogar, pero sin ser insistente ni pesado. Es más, siempre que hablo de límites me gusta recordar que también es importante ser flexibles si la situación lo amerita, así como todo no puede estar prohibido, los límites tampoco pueden asfixiar nuestra vida diaria.

Pensemos que un día están los abuelos en casa y en vez de que los niños vayan a dormirse temprano, les permitimos quedarse un poco más tarde mientras conversan y comparten de un buen rato en familia. O por ejemplo, aunque nuestra costumbre sea cenar juntos en el comedor, si un día decidimos comer todos juntos frente a la televisión para ver la final del campeonato de tenis, no pasa nada.

Mientras más acostumbrados estén tus hijos a los límites establecidos menos conflictos tendrás diariamente porque se sabe lo que se espera.

Una maestra de preescolar con la que trabajé durante varios años me decía que era muy fácil darse cuenta cuando los niños estaban acostumbrados a respetar límites desde el hogar y cuando no. Los niños que no estaban acostumbrados a tener límites retaban siempre la autoridad, tenían dificultad para seguir instrucciones y les costaba más gestionar sus impulsos y emociones.

Los límites también cambian con la edad. A medida que nuestro hijo crece debemos ir ajustando esas medidas que hemos establecido en la familia y acomodarlas a las nuevas circunstancias que iremos teniendo en el hogar. Recuerda que los límites van a contribuir con el desarrollo integral de tu hijo y con ellos podrás prepararlo mejor para su vida adulta. Tu hijo adolescente, por ejemplo, tendrá otro horario para dormir diferente al de sus hermanos pequeños, podrá salir de casa con amigos y escoger ciertas cosas y tomar decisiones que los pequeños no.

3.3 Perder el miedo a decir "no"

Cuando hablo con padres de familia muchas veces me comentan que ellos quieren educar en positivo, que por nada del mundo quieren ser autoritarios como fueron sus padres. En líneas generales, quieren que sus hijos crezcan en un ambiente positivo y por lo tanto han decidido que en su casa nunca se usará la palabra "no", que harán todo lo posible por evitar entrometerse demasiado en la libertad de sus hijos (dejarán que ellos escojan todo tipo de cosas y "sean libres") y que no dejarán a su hijo llorar (y, ojo, a mí tampoco me gusta ver llorar a mis hijos). Aunque aplaudo y estoy totalmente de acuerdo en fomentar un ambiente positivo y alegre para la crianza de los hijos, tengo que decirte que para educarlos sí es necesario perder el miedo a decir la palabra "no". A veces nuestros hijos lloran porque no consiguen algo que nos han pedido. Cuando están creciendo, hay muchas decisiones que aún no están preparados para tomar y por lo tanto no están en capacidad de escoger.

¿Alguna vez te has imaginado que tu hijo o hija te diga: "papá, voy a correr solo por el medio de la calle"? O que te pida: "déjame destapar todos los productos de limpieza para jugar con ellos". ¿Qué harías si vieras a tu bebé gatear directamente hacia el enchufe para jugar con los cables? Probablemente dirías "**NO**" a todas estas preguntas sin pensarlo dos veces y de la forma más clara y contundente que puedas. Con los hijos adolescentes pueden suceder situaciones similares: piden permiso de asistir a una actividad que puede poner en riesgo su bienestar y seguridad, pedir de regalo el último dispositivo electrónico del mercado o querer salir hasta la madrugada a una fiesta. Como padres, si vemos que no es conveniente podemos y debemos decirles que no.

Con esto no quiero decir que al usar el "no" debes ser grosero, rudo o desagradable. Podemos decir un "no" sereno, firme pero cálido, convencidos de que lo que estamos diciendo es por un bien que esperamos enseñar o transmitir y que en ese momento consideramos que es lo que más conviene a nuestro hijo.

Eso sí, una vez que decimos la palabra "no" debemos mantenerla. Como te decía unas líneas atrás, la consistencia debe estar siempre presente. Una de las cosas que hace mucho daño en la educación de los hijos es decir "no" y luego cambiar de opinión, lo que les trae confusión y a la vez nos resta credibilidad frente a ellos. Antes de dar una respuesta, toma unos minutos para reflexionar qué situaciones ameritan realmente utilizar la palabra "no". Hay unas muy evidentes como los ejemplos que mencioné anteriormente, pero en algunos momentos hará falta pensar bien la respuesta que se va a dar, valorar lo que está en juego antes de decidir.

Mientras nuestros hijos sean pequeños no es necesario adentrarnos en dar muchas explicaciones al decir "no" o al establecer un límite, tampoco es bueno entrar en largas negociaciones, promesas o chantajes absurdos.

En una ocasión, en un avión, escuché a un padre decirle algo completamente disparatado a su hijo mientras intentaba que se pusiera el cinturón de seguridad. El niño lloraba sin consuelo porque quería seguir saltando en el asiento, y el padre, frustrado, le decía que si no se sentaba, le iba a pedir al piloto que regresaran a su ciudad (¡y esto a mitad del vuelo!). También recuerdo a una madre que me contó que, en septiembre, decidió decirle a su hijo que el centro comercial cerraría durante tres meses antes de Navidad, porque los empleados necesitaban tiempo para limpiar y decorar para las fiestas. Lo hizo con la esperanza de evitar discusiones cuando su hijo le pedía ir de compras. Seguramente estas anécdotas te sacaron una sonrisa (¡y son completamente reales!), pero lo cierto es que a veces los padres, en medio de la desesperación, terminamos diciendo o haciendo cosas que resultan absurdas e ilógicas.

Yo te recomiendo sencillez y naturalidad, sin agobios, sin adornos… sencillez y naturalidad, dos elementos que son muy buenos aliados a la hora de educar.

También otro elemento que agregaría a esos dos es decir siempre la verdad, procurando adaptarte a la edad de tu hijo. Sin dar detalles que no corresponden a su madurez o que no estén relacionados a la pregunta, pero decir siempre la verdad.

Seguramente alguna vez te ha pasado que tu hijo te haga una pregunta a la que es difícil contestar o en la que dudes si decirle la verdad o no. Un día, mi hijo más pequeño me preguntó si los dinosaurios existían, desde pequeño mostraba un gran interés en ellos. Claramente le dije que "no", que los dinosaurios se habían extinguido. Se quedó mirándome unos minutos y, como era de esperar, me preguntó qué significaba "extinguirse". A partir de ahí, comenzó una larga serie de preguntas relacionadas. En sus ojos pude ver un poco de decepción, seguramente pensó: "¡yo quería ver un dinosaurio de verdad!". Pero lo mejor era que entendiera que eso no sería posible.

Otra de las preguntas difíciles que suelen surgir en la infancia es: "¿todas las personas mueren?". En nuestro interior casi que sentimos la urgencia de decir *nooooo*, no se mueren, se mudan, se trasladan a otro país, están de viaje… porque la respuesta a esa pregunta es muy dolorosa. Pero mentir nunca será una buena decisión. También tenemos las preguntas relacionadas con la sexualidad a las que muchas veces preferimos no contestar o nos gustaría inventar una historia porque la verdad nos da temor y vergüenza.

Pudiera continuar con miles y miles de ejemplos de preguntas similares. Entonces recuérdalo bien: sencillez, naturalidad y verdad. Tus hijos siempre te lo agradecerán porque, de lo contrario, pensarán o que sus padres ignoraban los temas que él o ella preguntaban o que simplemente eran un poco tontos. Siempre será preferible que nuestros hijos sepan la verdad a que se enteren que lo que les dijimos era una mentira.

Pero volvamos al tema del "no". A veces tenemos temor a decir "no" por la reacción que pueda tener nuestro hijo: posiblemente no se lo tome bien, se frustre, llore o grite, nos diga que no nos quiere, que prefiere tener unos papás diferentes, unos papás como los de sus amigos que le dicen que sí a todo… debemos aprender a manejar estas situaciones porque pasarán muchas veces, desde pequeños hasta la adolescencia.

Decir "no" es difícil. Debemos luchar contra el falso sentimiento de culpa de ser "malos padres" por negar algo a nuestros hijos (si ese algo no conviene para ellos debes mantener tu serenidad); también recuerda que debes mantenerte firme aunque tu hijo insista hasta hacerte cambiar de opinión (si cambias de opinión sabrá que no estás convencido de lo que le dijiste y que con un poco de persistencia puede hacerte dudar).

Otra recomendación que siempre doy a los padres es que sepan "pasar página" cuando hay un conflicto (bien sea porque su hijo pequeño está molesto por un "no" o cuando el adolescente deja de hablarte porque le pusiste un límite o le negaste un permiso). Pasa página, cambia de tema, conversa con él o ella de algo distinto, invítalo a hacer algo diferente… en fin, no te quedes amarrado al tema dándole vueltas y vueltas, porque será más difícil para todos seguir adelante. No siempre es fácil pero en la mayoría de los casos funciona y alivia las tensiones. Recuerda que tu hijo en este momento no está buscando atacarte, simplemente está probando los límites. Está expresando su frustración y aprendiendo a manejar esta emoción, no te lo tomes personal.

PARA RESUMIR

¿Qué hacer?	¿Qué evitar?
− Recuerda la combinación para una autoridad positiva: muchas dosis de cariño y un poco de firmeza.	− Evita los extremos: autoritarismo y permisivismo.
− Establece pocos límites pero claros y consistentes.	− Cambiar constantemente los límites o no respetarlos por miedo a un berrinche/ rabieta.
− Establece límites en tu hogar que sean conocidos por tus hijos.	− Evita improvisar.

"Enseñar a desarrollar la habilidad de autocontrol
y gestión de las emociones en nuestros hijos
requiere paciencia y perseverancia"

Rafa Guerrero

4

Miedo al llanto y las rabietas

El llanto es un medio con el que nuestros hijos se comunican y al que debemos atender para saber qué es lo que nos intentan transmitir. El bebé o el niño pequeño puede llorar porque tiene sueño, hambre, cansancio, dolor. Estas son necesidades básicas físicas que debemos atender inmediatamente, y una vez atendidas lo más probable es que nuestro hijo pare de llorar. Si el bebé llora por hambre se calmará tras tomarse su leche, si es un niño que ha pasado el día jugando y corriendo, y por la noche llora por cada mínima cosa que se le dice, probablemente está cansado y lo que necesita es un baño y dormir para descansar y recargar energías. En algunas ocasiones, pueden llorar porque se sienten enfermos o sienten dolor y no saben o no pueden explicarlo.

También puede ser que nuestro hijo llore porque necesita atención, tiempo con papá y mamá, cariño y afecto, como cuando se despierta y llora desde su cuna para que vayas a buscarlo o cuando sienten miedo o temor ante una situación.

Las necesidades afectivas también debemos atenderlas. Cuántas veces nos sucede que nuestro hijo quiere contarnos algo o después de haber estado todo el día en el preescolar o en el colegio (o en la universidad, porque a esta edad también esperan atención y cariño) y nosotros estamos ocupados con el teléfono o con las cosas de la casa y no conseguimos detenernos un segundo a prestarles atención. Probablemente, nuestro hijo llore o reclame esa atención y afecto que está necesitando desesperadamente.

Luego está ese otro tipo de llanto, como cuando quieren cenar helado en lugar de la comida que hemos preparado, o cuando llega la hora de dormir y no quieren apagar la televisión. También sucede cuando vamos al supermercado y les negamos ese chocolate estratégicamente colocado justo al lado de la caja (¡seguro que te ha pasado!). O cuando, ya un poco más mayores, piden permiso para ir a una fiesta y papá y mamá deciden que no es el momento adecuado para asistir.

Afortunadamente, estas situaciones no son necesidades que sí o sí debamos atender. Si corresponden a un límite que hemos establecido, lo ideal será mantenerlo y adicionalmente te invito a mantener la serenidad si consideras que ante alguna de estas situaciones debes utilizar la palabra "no". ¿Te imaginas que cada vez que vas al supermercado debas comprar algo que tu hijo te pide? Probablemente, no sea una buena idea… lo que tampoco quiere decir que un día al azar compres algo que sepas que a todos en tu casa les gusta y les des una buena sorpresa. ¿O imagínate que des permiso a tu hijo a ir a un plan social que consideras riesgoso únicamente porque te preocupa que sea el único niño que no vaya? Confía siempre en tu criterio y en lo que consideres mejor para tu hijo, aunque en el momento sea difícil decirle.

Es importante que tengamos esto claro porque –a veces– podemos sentirnos agobiados o incluso culpables cuando estamos en esta situación (ni te digo en medio del supermercado con todas las personas viéndote con reproche). En otros momentos, los padres podemos sentir también presión al ver que otros padres no tienen límites como los que nosotros hemos decidido establecer para nuestra familia y dudamos si debemos mantenernos firmes o ceder. ¿Recuerdas que lo mencioné unos párrafos atrás? Procura mantener siempre tu convicción y los argumentos que consideres convenientes.

Sé que es muy difícil ver a nuestros hijos llorar. Realmente quisiéramos evitarlo a toda costa.

Sin embargo, procura siempre asegurarte de la causa del llanto, muéstrate empático y sensible, consuélale y explícale el por qué no puedes concederle eso que pide. También, a medida que los hijos vayan creciendo, es importante que aprendan a poner en perspectiva las diferentes situaciones que se les presenten, dándole a cada una la magnitud que le corresponda: llorar por no haber recibido un dulce de postre es muy diferente a llorar por un golpe resultado de una caída o la pérdida de un ser querido.

4.1 Una tormenta emocional

Llegamos aquí al punto de explicar lo que comúnmente llamamos *berrinche, pataleta* o *rabieta*. Esa reacción fuerte que presentan los hijos cuando no cedemos con un capricho. Un capricho es un deseo, algo que queremos o que nos gustaría hacer o tener, pero que no es una necesidad ni física ni afectiva.

Como padres debemos tener clara la diferencia entre una necesidad de nuestro hijo y un deseo o capricho.

Las rabietas se dan comúnmente cuando no cedemos al capricho. Es la reacción natural de nuestros hijos ante esa negativa, es su forma de expresar frustración e inconformidad.

Cuando hablo de este tema en mis conferencias para padres, suelo utilizar la imagen de una ola gigante en la diapositiva de mi presentación. Y es que pienso que así se siente el momento de la rabieta. Nuestro hijo, sufriendo en medio de su enfado, alterado; y nosotros, como padres, igualmente preocupados, ansiosos y molestos. Es como estar atrapados en una enorme ola de emociones, sin saber cómo será el desenlace ni cómo quedaremos una vez que la ola haya pasado.

En el momento de la rabieta debes mantenerte sereno, ser capaz de gestionar tus propias emociones (que probablemente estén un poco agitadas también); acompañando a tu hijo con firmeza y cariño. Muéstrale empatía, explícale que para ti también es difícil cuando no consigues algo que quieres. Si tu hijo es pequeño, intenta distraerle para cambiar el foco de atención... y, si tu hijo es más grande, probablemente debas darle un poco de tiempo y espacio hasta que vuelva la calma.

Los padres debemos enseñar a nuestros hijos a regular sus emociones, a evitar el desborde de las mismas y conseguir con paciencia y serenidad que logren volver a la calma luego de la rabieta y la frustración.

Es importante que, desde pequeños, les ayudemos a reconocer y nombrar las emociones que están sintiendo de manera que puedan aprender a gestionarlas de una manera más asertiva. A medida que vayan creciendo, si hemos trabajado bien esta habilidad durante la infancia, serán capaces de regular las emociones con más claridad.

¿Recuerdas que en el apartado que te hablé del "no" te recomendé "pasar página" después de un conflicto? Con las rabietas te recomiendo lo mismo. No reproches a tu hijo por la rabieta, habla con él cuando estés en calma y explícale lo que debe mejorar de su comportamiento, sin sermones, evitando recriminaciones y repeticiones negativas. Procura nunca ignorar o evitar el momento; intenta ser paciente y aprender de cada una de estas experiencias.

4.2 Cuando se presenta la frustración

En una entrevista, María Velasco, psiquiatra experta en infancia, habla de la importancia de que nuestros hijos desde pequeños "aprendan a frustrarse"[9], y añadía que era consciente de que sus palabras no eran bien vistas, pero que, desde su profesión, ha visto el daño que se hace a los niños cuando crecen sin saber manejar los pequeños momentos de frustración que se les presentan en la vida.

No sé si te ha pasado, pero a mí sí, en más de una ocasión. Salgo de casa unos minutos tarde porque los niños no están listos a tiempo, luego me encuentro con más tráfico del esperado debido a un accidente, y al llegar a la oficina, me informan que una reunión en la que llevo días trabajando ha sido cancelada. Momentos de frustración. A nuestro hijo puede sucederle algo similar: primero, el tener que interrumpir sus horas de sueño porque debe levantarse para ir al colegio sabiendo que ese día tiene clases de matemáticas (la asignatura que detesta), después, al llegar al colegio, se da cuenta que olvidó en casa los zapatos de fútbol para jugar en el recreo y, además, recuerda que el fin de semana no irá con sus amigos porque debe asistir a una celebración familiar.

¿Cómo manejamos esas situaciones y cómo enseñamos a nuestros hijos a manejarlas? Los ejemplos que te describí anteriormente podríamos decir que son situaciones más o menos sencillas, que quizás no afectan en gran medida nuestra vida diaria. Pero la vida

---

9. Velasco, María. BBVA Aprendemos Juntos. Los niños deben aprender a frustrarse. (2023, Nov).

tiene momentos de frustración mucho mayores y, como en todo, si no aprendemos a manejar lo pequeño, manejar lo grande se nos hará casi imposible.

¿Recuerdas que antes dije que a ninguno nos gusta ver a nuestros hijos sufrir? ¿Que si pudiéramos trataríamos de evitarles cualquier momento o circunstancia incómoda o dolorosa? Pero no, no podemos hacer esto. Y ojo, no estás siendo mal padre o mala madre si dejas que estas situaciones sucedan. Nuestro rol, nuestra responsabilidad de padres requiere esto de nosotros, requiere que enseñemos a nuestros hijos a gestionar los momentos de frustración porque se le presentarán una y otra vez diariamente y a lo largo de toda su vida.

Entonces nuestro hijo no puede sólo hacer lo que le gusta, o lo que quiere cuando quiere; debe respetar las normas del hogar y del entorno; debe respetar las cosas materiales; debe respetar a las personas; debe saber que a veces recibirá un "no" y que a veces tendrá que esforzarse mucho para conseguir algo que quiere: un trabajo, un lugar en el equipo deportivo, algo material…

En el mundo actual se resalta la importancia de la resiliencia, esa capacidad para afrontar, superar y adaptarse a situaciones difíciles; pero lo que muchas veces no se pone de manifiesto es todo el esfuerzo que se necesita para desarrollar dicha capacidad.

Si no enseñamos a nuestros hijos a enfrentar pequeños momentos difíciles, no serán capaces de afrontar los grandes.

Recuerda también que nuestra tarea como padres es acompañarlos en el desarrollo de estas habilidades. No somos espectadores, sino que debemos, con intencionalidad, enseñar a nuestros hijos cómo gestionar sus emociones. Por ello, con calma y paciencia modelaremos primero la conducta cuando se nos presenten momentos de frustración a nosotros mismos y seremos empáticos cuando las situaciones se les presenten a ellos. Nunca es fácil manejar la frustración, sobre todo cuando hemos puesto tiempo, esfuerzo y corazón en una tarea o proyecto; y tampoco está mal que nuestros hijos nos vean luchar con este tipo de situaciones: les ayudará también a crecer. Debemos ayudarles a fomentar la paciencia y la tolerancia –primero con ellos mismos– y luego, con las circunstancias y las personas del entorno, sobre todo en esos momentos en que las cosas cuestan, en que los errores y defectos se hacen más visibles y todo parece complicarse.

¿Te digo algo que considero muy importante tener en cuenta siempre? Ver la vida con optimismo e ilusión. En muchas ocasiones, las frustraciones nos nublan porque no sabemos ver más allá del momento presente o de lo que queremos conseguir con inmediatez. Y aunque estos momentos de frustración son incómodos y nos producen contrariedad, debemos enseñar a nuestros hijos (y vivirlo nosotros también) a tener ilusión por las cosas, a disfrutar el esforzarse por un objetivo, a evitar las constantes quejas que nos inundan, a recomenzar en caso de que no logremos lo planteado.

4.3 Algo a cambio

Un último tema que podemos abordar dentro de este capítulo es el evitar "premiar o castigar" al momento de respetar un límite. Nuestro hijo debe crecer sabiendo que los límites establecidos son necesarios y sobre todo que son un bien para él o para ella, y que dichos límites le convienen. Por ello, evita ofrecer un premio para que tu hijo respete un límite, por ejemplo, decirle que le vas a dar un chocolate si se deja poner el cinturón de seguridad en el carro, o prestarle la *tablet* al momento de dormir para que acceda a ponerse la pijama y cepillarse los dientes.

Debemos tener mucho cuidado de no acostumbrar a nuestros hijos a hacer las cosas para recibir una motivación externa o recompensa material: un regalo a cambio de respetar un límite, un premio por estudiar y sacar buenas notas cuando realmente lo que queremos es que lo hagan por convicción, así poco a poco van entendiendo que lo que les estamos enseñando es bueno para ellos.

Recuerda que muchas veces cuando nos sentimos cansados o agobiados o simplemente por querer ahorrarnos una discusión, podemos caer en la trampa de ofrecer chantajes o premios a nuestros hijos para que respeten los límites. Es aquí donde tendremos que mantener la serenidad y la firmeza. ¿Te imaginas lo complicado que puede convertirse la vida cotidiana si debemos motivar a nuestro hijo siempre con un premio o recompensa? ¿Qué tipo de adulto crees que será en el futuro cuando deba exigirse para levantarse temprano y acudir diariamente a un trabajo? ¿Crees que sea capaz de plantearse metas altas sabiendo que puede conseguir obstáculos a lo largo del camino y que muchas veces conseguir esa meta puede ser difícil y puede llevar tiempo de alcanzar?

Por otro lado, ¿qué hacer cuando nuestro hijo no respeta un límite? Porque dijimos que las acciones deben tener consecuencias, ¿no? Pues sí, las consecuencias deben ser lógicas, acordes a la falta pero basadas en el cariño. Por ejemplo, si nuestro hijo discutió e insultó a su hermano pequeño deberá ir a disculparse y, adicionalmente, le pediremos que dedique unos minutos a estar con él, a jugar o ayudarle con un pequeño encargo. No le gritaremos nosotros también ni usaremos palabras hirientes al llamarle la atención. Otro ejemplo sería si nuestro hijo adolescente llega más tarde de la hora establecida. Su consecuencia podrá ser no asistir al siguiente plan para el que pida permiso. Estas consecuencias deben estar establecidas previamente, así como hicimos al momento de establecer los límites.

Con frecuencia, cuando hablamos de las consecuencias, podemos cometer el mismo error que con los premios, hacer cosas absurdas y que al final no son educativas para nuestros hijos. Como, por ejemplo, decirle a los hijos que no podrán jugar videojuegos en seis meses por haber tenido una pelea entre hermanos; o utilizar técnicas como el *time out* o "silla de pensar".

En este punto puedes preguntarte: ¿podríamos entonces de alguna manera anticiparnos a estas situaciones tan incómodas de las rabietas? ¿Existen ciertas acciones que permitan la disminución de estas reacciones? Para tu tranquilidad puedo asegurarte que sí. Todos los hijos en una u otra edad pasarán por esta etapa porque es una etapa normal dentro de su proceso de crecimiento, pero existen ciertos factores que pueden ayudar a disminuir su presencia y/o magnitud:

- Procura que tus hijos tengan horarios y rutinas. Esto les ayudará a anticipar los diferentes momentos del día: hora de levantarse, hora de acostarse, momento de ir al colegio, tiempo de jugar, entre otros.
- Transmite a lo largo del día seguridad a tus hijos. Un padre y una madre seguros en su actuar extienden seguridad a sus hijos (lo que no quiere decir que por dentro te cueste un poco algún tema). Por ejemplo: cuando dejas a tu hijo en el colegio y es difícil despedirse o cuando con serenidad le dices que no es posible cenar galletas con helado.
- Anticipa las situaciones en las que sepas que pueda presentarse una rabieta: a la hora de irse de una fiesta, al ir al supermercado, antes de la hora de dormir. Explica de forma sencilla a qué hora se irán o para qué se ha ido al supermercado; será más fácil para él o para ella procesar el momento si se lo has explicado con anterioridad.
- Mantén una comunicación abierta con tus hijos donde puedan expresar su frustración.

PARA RESUMIR

¿Qué hacer?	¿Qué evitar?
– Cubrir siempre las necesidades físicas y emocionales de tu hijo.	– Darle todo lo que pide aunque no sea una necesidad para evitar el llanto.
– Mantén la calma en el momento del berrinche/pataleta.	– Alterarte, perder la serenidad.
– Permite que tu hijo tenga pequeñas frustraciones aunque te cueste.	– Resolver todas las situaciones del entorno para que tu hijo no experimente momentos de frustración.
– Di "no" cuando sea necesario.	– Negociar, chantajear, prometer.

"Nadie nace sabiendo 'darse'. La actitud de servicio se aprende"

Amparo Catret

5

Miedo a la distancia

Muchas veces, los padres queremos que nuestros hijos "sean libres" y, por tanto, ponerles límites nos parece impensable, incluso contradictorio a esa idea de libertad que llevamos dentro (ya abordé este tema en el apartado anterior). Sin embargo, cuando nos damos cuenta de que nuestros hijos se van separando un poco de nosotros, cuando van tomando distancia y muestran la necesidad de su propio espacio, nos preocupamos. Nos da miedo y tendemos a querer sobreprotegerlos y a evitar esa distancia e independencia (¡qué es tan necesaria para su crecimiento!).

Muchos padres que conozco me dicen que quisieran que sus hijos no crecieran, que ojalá pudieran tenerlos siempre pequeños junto a ellos. Es un sentimiento natural, pero no real. Muchas veces este sentimiento responde más a nuestra necesidad de tenerlos cerca, a una cierta dependencia que tenemos también los padres hacia nuestros hijos.

Cuando los hijos van creciendo se nos presenta de nuevo lo desconocido: los peligros y retos del futuro. Es muy difícil pensar algo distinto a la tranquilidad que tenemos al saber que, mientras son pequeños, nuestros hijos están más protegidos y seguros. Es muy común que pensemos que la independencia es algo que llegará en el futuro, cuando nuestros hijos sean adolescentes y luego adultos, pero lo que en muchas ocasiones no pensamos es que la independencia debemos educarla y entrenarla también desde la temprana edad de la infancia.

**El desarrollo de la independencia y autonomía es
un elemento esencial en su crecimiento.**

La capacidad de hacer cosas por sí solos; de tomar un poco de distancia de los padres para ir aprendiendo, progresivamente, a tomar sus propias decisiones y asumiendo poco a poco responsabilidades. Cuando son pequeños, aún no están preparados para tomar decisiones y son pocas las cosas que pueden hacer sin ayuda, pero al ir creciendo debemos darles la oportunidad de desarrollarse en este aspecto que es necesario para su madurez. Con nuestra ayuda y guía, estaremos enseñando a nuestros hijos a utilizar su libertad de forma gradual, primero empezando con cosas pequeñas y sencillas.

5.1 Dejar que se alejen un poco

¿Qué podríamos entonces hacer para llevar a cabo el proceso de autonomía de manera asertiva? Lo primero es desarrollar un buen vínculo con nuestros hijos; un vínculo basado en la confianza y el afecto, pero también en la firmeza y autoridad que nos corresponde como padres. Los padres debemos ser la guía de nuestros hijos, mostrarles el camino mientras son pequeños y, a medida que van creciendo, ayudarles a crecer sin miedos desmedidos y evitando ser padres posesivos y sobreprotectores. Debemos, en resumen, "hacernos menos necesarios" para nuestros hijos, como diría Gerardo Castillo en su libro *Cómo educar al niño para su futura adolescencia*[10].

Pondremos todos los medios para, mediante ese vínculo, ayudarles a desarrollar confianza y seguridad en sí mismos (una autoestima bien formada), dándoles la oportunidad de comenzar a hacer algunas cosas solos, de tomar sus propias decisiones y de equivocarse, porque cometerán errores más de una vez siendo esto también necesario para crecer. Y me refiero a una *autoestima bien formada* porque muchas veces como padres, y por el amor inmenso que les tenemos, quisiéramos hacer ver a nuestros hijos solo lo bueno que hacen (o, por otro lado, en momentos de frustración o cansancio, solo les mencionamos lo malo).

Te ilustro esta idea a continuación: no es bueno para nuestros hijos alabarlos en todo lo que hacen (mucho menos cuando no es correcto eso que están haciendo) o decirles frases como "podrás con todo lo que te enfrentes" o "si quieres, puedes", porque no reflejan la realidad de la vida. Muchas veces –aunque uno quiera muchísimo algo– no lo logra, lo que no quiere decir que por eso dejemos de esforzarnos. Y repito, tenemos el amor más grande por ellos, pero no por esto debemos mostrarles un panorama irreal de perfección o hacerlos constantemente dependientes de la aprobación externa. Por otro lado, tampoco podemos señalar sólo lo que nuestros hijos hacen mal o no les sale bien: frases como "eres un desastre" o "así nunca vas a lograr nada" les hacen mucho daño, los hacen sentir incapaces y no dan crédito al esfuerzo que –en variadas oportunidades– tienen que hacer para lograr algo.

10. Castillo, Gerardo. (2019). *Cómo educar al niño para su futura adolescencia*. EUNSA.

La autoestima se formará ayudándoles a conocerse a ellos mismos: las fortalezas que tienen y las cosas que necesitan mejorar y que les suponen mayor esfuerzo, contando siempre con el apoyo de papá y mamá.

Volviendo al vínculo: una confianza bien forjada entre padres e hijos permanecerá toda la vida si somos consistentes y coherentes como modelo para nuestros hijos. De esta forma, sabrán que siempre pueden confiar en que papá y mamá les dirán con sencillez y sinceridad lo que está bien y lo que está mal, les indicarán el camino más conveniente aunque sea el más difícil y les acompañarán a lo largo de su trayectoria. Los hijos que tienen un vínculo seguro con sus padres son capaces de tomar esa distancia de una forma sana, progresiva y segura, a diferencia de los hijos que han tenido padres sobreprotectores, lo que los lleva a rebelarse buscando la ansiada independencia y separación de sus padres. Gerardo Castillo también explica, en ese mismo libro, que los padres tendrán menos conflictos con sus hijos adolescentes si estos, durante la infancia, han adquirido hábitos de libertad responsable.

Esta sana distancia que debe existir entre nosotros y nuestros hijos la debemos aprender nosotros también: respetar su espacio, no querer controlar todo a su alrededor, promover su independencia con un continuo esfuerzo intencional... ¿Te imaginas yendo al colegio con tu hijo a recibir sus clases? ¿O a una fiesta de adolescentes a supervisar con quién habla, qué toma o cómo baila? ¿O a reunirte con su profesor de universidad para hablar de una calificación? ¿O asistir con él a una entrevista de trabajo? No, estas cosas las tiene que hacer nuestro hijo sin nosotros. Y, por eso, la educación que le brindemos a lo largo de toda su vida es tan importante, porque no vamos a estar físicamente allí siempre, porque habrá muchas cosas que le tocará vivir solo sin nosotros a su lado.

Siempre veremos a nuestros hijos más pequeños de lo que son. En el fondo, siempre tendremos ese sentimiento de que son indefensos pero, desde su corta edad, debemos prepararlos, proveerlos de herramientas, de manera que se planteen y que logren metas, que tengan aspiraciones altas, que sean seguros de sí mismos y maduros emocionalmente, que tomen buenas decisiones decidiendo lo mejor en cada momento, que sean valientes y que tengan criterio.

Mientras nuestros hijos sean pequeños les presentaremos oportunidades de tomar decisiones sencillas. A medida que vayan creciendo estas elecciones se harán más complejas. Nuestro hijo de dos años puede elegir si va a comer *pancakes* o huevos en el desayuno, pero no va a decidir si ese día quiere o no ir al colegio (al colegio hay que ir todos los días a menos que esté enfermo o haya alguna otra justificación grave). Nuestra hija de seis años puede escoger si asistirá al club de *ballet* o al de gimnasia (una vez tomada esa decisión será necesario que se comprometa con esa actividad por lo menos por varios meses). Y entonces, cuando llegue el momento de graduarse, nuestro hijo o hija podrá escoger la carrera universitaria que vaya a estudiar.

Con la toma de decisiones debe ir también la responsabilidad que esa decisión conlleva; por lo tanto, no debemos dejar a nuestros hijos la toma de decisiones cuyas consecuencias no pueda afrontar.

Nuestro hijo no tiene la capacidad de decidir a qué pediatra quiere ir cuando se encuentra enfermo ni tampoco en qué escuela va a estudiar. Las decisiones deben ir siempre acordes a la edad.

Hoy en día, muchos padres sienten la necesidad de dar múltiples oportunidades de tomar decisiones a sus hijos porque de esta forma –piensan ellos– están teniéndolos en cuenta e incluyéndolos en la dinámica familiar. Piensan que está bien dar todo a escoger. A partir de cierta edad, pueden comenzar a tomar decisiones, pero siempre adecuadas a su edad. Por tanto, habrá muchos temas que correspondan decidir únicamente a sus padres. ¿Recuerdas que en el capítulo de perder miedo a la autoridad te decía que en casa mandan papá y mamá? Así es. Hasta que los hijos estén preparados para tomar decisiones, papá y mamá son los responsables de tomar decisiones importantes y trascendentes en el hogar.

En este punto podemos encontrarnos de nuevo con la dificultad de encontrar el equilibrio: por un lado, la sobreprotección nos lleva a querer tomar todas las decisiones por nuestros hijos, incluso cuando se van haciendo grandes; o ubicarnos en el extremo opuesto en el que les dejamos tomar todas las decisiones, también aquellas que no les corresponden. Debemos por tanto, hacer pausa y reflexionar, acompañar y soltar.

5.2 Aprendiendo a hacer las cosas por sí solos

En segundo lugar, para desarrollar la autonomía escogeremos ciertas acciones que nuestro hijo pueda hacer de forma autónoma. Acciones acordes a su edad. Nunca le pediremos hacer cosas para las que no está listo aún y le acompañaremos las primeras veces que las realice, modelando el comportamiento y luego dejándole hacerlas por sí mismo.

1. *Enseñarle a hacer algo*
2. *Acompañarle a hacer ese algo*
3. *Dejarlo hacer eso que aprendió*

Por ejemplo: echar la ropa al cesto de ropa sucia, recoger sus juguetes, vestirse. A medida que va creciendo preparar su bulto/ mochila, realizar sus tareas escolares, preparar algo sencillo de comer, poner la mesa, entre otros. Estas pequeñas tareas no solo irán desarrollando su autonomía, sino que además irán moldeando su autoestima: aprenderá el sentido de responsabilidad y lo ayudarán a sentirse capaz de realizar algo por sí solo, a experimentar la satisfacción de alcanzar logros y vivir pequeños momentos de éxito. La ejecución periódica de estas tareas le permitirán sacar adelante proyectos y responsabilidades futuras.

Conviene comenzar primero con tareas que tengan que ver con ellos mismos: vestirse, cepillarse los dientes, hacer su cama, ordenar sus pertenencias; para luego enseñarles tareas que tengan que ver con el hogar y con el cuidado y atención de los demás.

Recuerdo que, en una de las visitas de mi padre a mi casa, uno de mis hijos aprendió a usar algunas herramientas. A sus siete años estaba feliz porque ya sabía *apretar* unas tuercas; destapar un fregadero y usar el destornillador. El abuelo había dedicado varias horas a enseñarle esas sencillas acciones y mi hijo se sentía ahora capaz de realizar unos cuantos arreglos.

Cuando se van haciendo grandes los hijos pueden realizar acciones adicionales: ayudar en tareas más complejas del hogar; organizar más libremente la distribución de su tiempo entre ocio y estudio; actividades extracurriculares o planes sociales, gestionar un poco de dinero que sus padres le asignen; participar en actividades de voluntariado que contribuyan con el bienestar de otros…

Debemos recordar que –al principio– esas cosas que nuestro hijo está aprendiendo a hacer puede que no salgan del todo bien, puede cometer errores, puede que le cueste aprender eso que le estamos enseñando.

Los padres en este momento debemos procurar tener suficiente paciencia para que nuestro hijo desarrolle el proceso de forma positiva sin frustraciones innecesarias, evitando también frustrarnos nosotros. Es difícil, pero piensa lo difícil que es para ti aprender algo en tu trabajo cuando te sientes observado y presionado. Con esto no quiero decir que no debamos marcar un ritmo de aprendizaje apropiado y positivamente exigente, como al escalar hacia la cima de una montaña, un paso tras otro hasta llegar a la cima.

Los padres, en muchas ocasiones, al llegar a este punto nos impacientamos y decidimos abandonar la tarea de enseñarles a realizar algo, optando por hacerla nosotros mismos. El problema es que el mensaje que enviamos a nuestro hijo con este comportamiento es que no es capaz o competente aún de realizar eso que le estamos enseñando, o que nosotros lo hacemos más rápido y mejor (cosa que es totalmente cierta). De esta forma, logramos en un instante anular y paralizar el proceso de independencia al que habíamos dado inicio. Sustituyéndolo, estaremos enviando el mensaje de que solo no puede, de que no es capaz.

Entonces sí, debemos ser pacientes, ir tirando poco a poco y día a día. Te prometo que aprenden y que les hace mucho bien. Es necesario para ellos. También nos daremos cuenta de que ciertas tareas les resultan más fáciles o tienen mayor habilidad para realizarlas y, por otro lado, algunas otras tareas les tomará más tiempo aprenderlas. Tenemos que contar también con que –a veces– no querrán realizarlas por pereza, falta de motivación o aburrimiento. Es totalmente normal, pero te invito a que no les evites ese esfuerzo.

En ocasiones, los padres podemos caer también en el error de no darle importancia al desarrollo de la autonomía desde temprana edad y resulta que nuestros hijos llegan a la adolescencia sin haber tenido este entrenamiento en pequeñas responsabilidades, que se les dificulta cuidar de sí mismos o de sus pertenencias porque siempre nos hemos ocupado nosotros de eso o son incapaces de realizar diferentes tareas, comprometerse con algún proyecto o poner en marcha alguna iniciativa o meta personal.

Repasemos los efectos que puede traer el evitar desarrollar la autonomía de nuestros hijos:

- Posiblemente les hagamos excesivamente dependientes de nosotros o de otras personas porque estarán acostumbrados a que alguien más les ayude a resolver sus problemas o situaciones cotidianas.

- Les estaremos evitando el desarrollo de habilidades para resolver las tareas y asuntos de cada día.

- Pueden presentar falta de autoconfianza y baja autoestima ya que no se sienten valorados, se sienten poco útiles o sin nada que aportar a su entorno.

- Pueden presentar falta de iniciativa y comodidad porque no se les ha brindado nunca la oportunidad de hacer algo por sí mismos.

Este proceso no es fácil. Muchas veces pensamos que eso que está haciendo nuestro hijo estaría mejor hecho de otra forma, pero tenemos que aprender a respetar su libertad, sobre todo cuando va creciendo… ¿recuerdas que al comienzo del libro te hablé de que nuestros hijos van a vivir en el mundo? Precisamente por eso tenemos que ayudarlos a crecer y prepararlos para enfrentarse a ese mundo ruidoso, rápido e inmenso en el que nos movemos.

5.3 Dar responsabilidades

Es muy recomendable que desde pequeños nuestros hijos sientan que aportan algo a la dinámica familiar y que entre todos, hijos y padres, se saca adelante el hogar. A los padres de niños de preescolar les recomiendo con frecuencia que sus hijos tengan pequeñas tareas que contribuyan al funcionamiento de la casa: colaborar con el orden, realizar un sencillo encargo a la hora de comer, poner o recoger la mesa, dar de comer a la mascota, entre otros. Son actividades que buscan no solo el bien personal sino el bien de todos los miembros de la familia.

Muchos padres de mi colegio se asombran cuando las profesoras les comentan los "encargos" que su hijo de dos años tiene dentro del aula: repartir una toallita húmeda a sus amigos para limpiarse la cara o repartir los tenedores para el almuerzo, guardar materiales o juguetes después de usarlos, colaborar en la limpieza de las mesas, entre otros.

Con los adolescentes es igual, debemos contar con ellos como integrantes activos. Es más, ahora que son mayores pueden colaborar con tareas más complejas que apoyen y aporten una ayuda valiosa. ¡Ojo! No es para comodidad de los padres.

Estos encargos enseñan a los hijos que la casa es de todos, que se puede contribuir con generosidad a que el ambiente familiar sea agradable para todos, a desarrollar el sentido de responsabilidad y compromiso.

El otro día en una conferencia comentaba a un grupo de mamás, que nadie cuida algo mejor que un adolescente a su teléfono o computadora y que —ojalá— lográramos que así quieran cuidar las cosas de la casa.

En algunas ocasiones puede ocurrir también que en casa se cuenta con alguna persona que ayuda en las tareas del hogar; si este es tu caso, te invito igual a enseñar a tus hijos lo que he comentado en este apartado, que sepa llevar a cabo cada uno de los encargos será siempre de beneficio para su desarrollo.

Te dejo a continuación una lista de algunos sencillos encargos por edad:

De 2-3 años	De 4-5 años
– Recoger los juguetes – Poner la comida a la mascota – Poner la ropa sucia en el canasto – Llevar su plato a la cocina	– Las anteriores + – Ayudar a poner la mesa – Limpiar la mesa con un pañito – Ayudar a clasificar y ordenar las compras
De 6 a 8 años	**De 8 a 10 años**
– Las anteriores + – Regar las plantas o el jardín – Separar la ropa por colores o por tipo de ropa – Apagar las luces de las habitaciones	– Las anteriores + – Sacar la bolsa de basura al basurero – Ayudar a lavar el carro – Pasar la aspiradora por la casa
De 10+	
– Las anteriores + – Ayudar en la preparación de algunas comidas – Limpiar el jardín – Clasificar los desechos para reciclaje	

PARA RESUMIR

¿Qué hacer?	¿Qué evitar?
– A partir de cierta edad permite que tu hijo tome decisiones sencillas.	– Darle a escoger todo y tomar decisiones que no son adecuadas para su edad.
– Enséñale a realizar tareas sencillas que pueda hacer por sí mismo.	– Solucionar las tareas que tu hijo no logra hacer correctamente.
– Refuérzale positivamente en el proceso de aprendizaje de alguna tarea.	– Impacientarte cuando veas que a tu hijo le cuesta eso que le estás enseñando.

"Padre y madre son, por naturaleza, los primeros e irrenunciables educadores de sus hijos. Su misión no es fácil. Está llena de contrastes en apariencia irreconciliables: han de saber comprender, pero también exigir; respetar la libertad de los chicos, pero a la vez guiarles y corregirles; ayudarles en sus tareas, pero sin sustituirlos ni evitarles el esfuerzo formativo y la satisfacción que el realizarlas lleva consigo…"

Tomás Melendo

6

Miedo a exigir

Un temor muy común que solemos tener los padres es el pensar que nuestros hijos dejarán de querernos o pensarán que no los queremos lo suficiente si les exigimos. Nos preocupa sentirnos malos padres y ser percibidos por los hijos, por nuestros familiares y amigos como autoritarios o insensibles.

Unos padres positivamente exigentes procurarán plantear expectativas y metas altas pero realistas. Establecerán límites coherentes, darán responsabilidades a sus hijos y los ayudarán a vencer el capricho.

He hablado anteriormente de las consecuencias que puede traer la ausencia de límites en la educación de nuestros hijos; de la falsa creencia de que evitar el "no" es beneficioso y la incomodidad, el malestar y la tristeza que nos puede producir una rabieta. Si a eso le sumamos el que tengamos miedo a plantearles una vida exigente evitando darles responsabilidades; obstaculizando su autonomía y cediendo ante todos sus gustos y demandas, el resultado será un hijo caprichoso, estricto con sus demandas, muchas veces cómodo e insensible ante su entorno.

Te pongo los siguientes ejemplos: una familia me cuenta que no van a casa de los abuelos los fines de semana porque a su hijo adolescente "no le gusta", opina que es aburrido porque ahí no puede estar con su teléfono, la comida es más sofisticada que la que preparan en casa y no comen viendo la tele sino que "tienen que hablar" sentados a la mesa. Por otro lado, un padre me cuenta que tuvieron que irse los últimos de la fiesta de cumpleaños de una amiguita de su hija pequeña porque ella "no quería irse antes que sus amigos". Cada vez que sus padres le hacían señas de que ya era hora, su hija corría gritando que no quería irse aún. Y así encontramos muchos ejemplos: niños que demandan cierto "menú" en casa con solo sus alimentos favoritos, utilizar ilimitadamente dispositivos electrónicos para distraerse y hacer berrinche si esto no se les concede, exigir atención constante y desafiar límites y normas establecidas en casa.

Y es que a muchos padres de hoy en día se les ha hecho creer que para ser buenos padres deben satisfacer todas las peticiones o gustos de sus hijos. Se sienten culpables si su hijo se incomoda y, por tanto, temen establecer límites, se muestran inquietos ante sus hijos y no muestran exigencia. Realmente es una situación complicada: nos cuesta ver a nuestros hijos pasar un mal rato, llorar, se nos dificulta verlos tristes o frustrados… A todos los padres se nos hace difícil.

Las personas somos capaces de reconocer que alguien que nos quiere de verdad quiere lo mejor para nosotros. Si quiere lo mejor para nosotros es porque le importamos de verdad a esa persona, le importamos tanto que quiere que seamos mejores y para mejorar hay que exigirse.

Ese es el rol que nos corresponde a los padres con los hijos. Porque los queremos más que nada en el mundo y queremos educarlos bien, les exigiremos con cariño como te he mencionado numerosas veces a lo largo del libro, porque sin exigencia es muy difícil desarrollar las virtudes que le ayudarán a vivir en el mundo y ser realmente feliz. Si queremos que nuestro hijo aprenda a ser ordenado, debemos pedirle todos los días que recoja su cuarto y haga su cama (cuando tenga ganas y cuando no las tenga); si queremos que sea responsable le enseñaremos a que haga sus tareas escolares, a que aprenda a seguir el horario establecido en casa y a cumplir con sus compromisos.

Diariamente, y con acciones concretas les ayudaremos a luchar contra el capricho, contra la conocida *ley del gusto*: solo hago lo que me gusta o lo que disfruto hacer y evito o rechazo todo aquello que me cuesta, disgusta, aburre o incomoda.

Esta idea no está muy de moda hoy en día. El mundo en que vivimos nos presenta opciones para vivir una vida cómoda, sin complicaciones, para evitar cualquier cosa o circunstancia que pueda traernos contrariedad. Pareciera que las cosas para ser buenas deben ser fáciles, sin obstáculos, y todo lo que supone algún tipo de exigencia no conviene a nuestra vida o nos quita felicidad, cuando la realidad no es así y eso debemos enseñarlo a nuestros hijos.

Con el cariño y la firmeza como elementos necesarios para educar, debemos ayudar a nuestros hijos a salir de sí mismos, a no convertirse en el centro de atención, a evitar que sean demandantes con constantes gustos o caprichos, a que puedan dirigirse en la vida teniendo ellos el control.

Sé que muchos padres que conozco no exigen a sus hijos porque realmente creen que no es necesario (sobre todo mientras los hijos son pequeños, porque lo ven como algo absurdo). Tienen buenas intenciones y consideran que exigir es una falta de cariño y confunden el amor que tienen hacia ellos con complacencia. El otro día hablaba con una persona que me decía: "a los niños de hoy se les está educando como si merecieran recibir todo lo que quieren o piden".

Y es que –inconscientemente– podemos hacer que los hijos se conviertan en niños caprichosos porque estarán acostumbrados a que accedamos a todas sus demandas (cada vez más complejas o difíciles de satisfacer); serán propensos a retar a la autoridad porque en su cotidianidad los padres hacen lo que ellos piden y no al revés; con frecuencia serán los que tomen decisiones sobre planes familiares o actividades según sus gustos o preferencias; estarán acostumbrados a dejarse llevar por los caprichos y les costará colaborar con encargos o tareas en las que no reciban ningún tipo de retribución o beneficio. En cuanto a los adultos que tuvieron este tipo de infancia, probablemente sean personas que teman al fracaso y les cueste manejar la frustración, que tiendan a posponer o evitar asumir responsabilidades, respetar normas y límites, cultivar relaciones a largo plazo o sacar adelante tareas o proyectos que requieran esfuerzo teniendo que depender siempre de la motivación externa.

Amy Mc Cready en su libro *Me, Me, Me Epidemic*[11] (yo traduciría el título como "La epidemia del YO") le dedica todo un capítulo a una tendencia actual vista en los niños y jóvenes llamada *entitlement* que podría traducirse y explicarse como la mentalidad que exige el tener "cierto derecho a" o "a merecer un privilegio sin haber trabajado por ello". Y es que, ¡claro que nuestros hijos tienen derecho a tener juguetes para divertirse!, pero no necesariamente tener un cuarto de juegos repleto con todos los juguetes que salen a la venta. También mencioné que nos corresponde a nosotros los padres cubrir necesidades básicas de nuestros hijos como lo es la alimentación, pero a medida que van creciendo podemos enseñarles a prepararse algo sencillo de comer, a llevar su plato a la cocina al terminar y colaborar con la limpieza.

---

11. McCready, Amy. (2015). *The "Me, Me, Me" Epidemic*. Version_1. Jeremy P. Tarcher/Penguin

Recordemos, una vez más: siempre vamos a querer dar cosas buenas a nuestros hijos, queremos que no les falte nada… pero no podemos caer en la trampa de pensar que tenemos que hacer mil malabares para darles todo lo que piden o que pensemos que estamos haciendo algo mal si vemos que nuestro hijo está insatisfecho porque no obtuvo algo que pidió. Nuestros hijos deben crecer sabiendo que en la vida hay que esforzarse para conseguir las metas, es por eso que las expectativas que planteemos y lo que exijamos debe –una vez más– ir acorde a la edad.

¿En qué ámbitos debemos entonces exigir a nuestros hijos? Pues debemos exigir en los límites que se han establecido en casa (los de seguridad, bienestar y convivencia que te describí en el capítulo de los límites), en las responsabilidades (colaborar con encargos en casa, tareas escolares) y en los valores que hemos planteado en nuestro proyecto familiar (orden, respeto hacia los demás, sinceridad, trabajo, esfuerzo, responsabilidad…).

6.1 Esperar un poco

Otro problema que –inconscientemente– podemos desarrollar con un estilo laxo de exigencia es el de la gratificación instantánea. Dar a nuestros hijos lo que piden apenas lo piden, sin esperar o sin exigir algún tipo de esfuerzo, la necesidad de obtener una recompensa inmediata o el deseo de recibir aprobación o elogios por todo lo que hace. Y podemos pensar: ¿qué tiene de malo que dé a mi hijo lo que me pide? ¿qué diferencia puede hacer esperar unos minutos para darle una galleta o prestarle el teléfono para distraerse o felicitarlo muchas veces a lo largo del día por pequeñas acciones? Puedo responderte con mucha sencillez: ¡hace toda la diferencia!

**Ceder a las demandas con inmediatez, evitar que nuestro hijo
espere un poco, motivarlo a realizar una acción ofreciendo
siempre algo a cambio (premio), elogiarle constantemente con
o sin razón, son características de la gratificación instantánea
y pueden causar un impacto negativo en su desarrollo.**

Con calma y serenidad le enseñaremos a esperar cuando algo toma mucho tiempo: en la sala de espera de un doctor, mientras traen la comida en un restaurante, ¡cuándo el internet está lento y no carga el video que vamos a ver! Por otro lado podemos, por ejemplo, enseñarles a esperar a que todos se sienten a la mesa antes de empezar a comer, esperar a que papá termine una conversación importante o una llamada sin interrumpir o a esperar con paciencia a que mamá vaya al cuarto a leer un cuento antes de dormir. También podemos ayudarle a contar los días que faltan antes de una fecha especial, preparar con ilusión un viaje futuro, sacar adelante un proyecto o entrenar con anticipación para una competencia deportiva.

En una de mis conferencias, una persona me comentaba que quería hacerle un cumpleaños ficticio a su hijo porque faltaban muchos meses para la fecha real y le daba lástima que tuviera que esperar tanto. Y es que, a veces, he notado que al vernos envueltos los padres en este tema de la sobreprotección no dejamos espacio a nuestros hijos para que sanamente "les falte algo". Es decir, si salimos de casa llevamos agua por si tienen sed, una galleta por si tienen hambre (aunque hayan hecho una buena comida antes de salir y el paseo sea corto), unos juguetes o, mejor aún, una *tablet* por si se aburre... Al adolescente buscaremos brindarle internet ilimitado para que pueda estar siempre conectado en las plataformas de su gusto y sin aburrirse, dinero para sus salidas, ropa de moda aunque sea costosa, cualquier dispositivo o *gadget* que acabe de salir al mercado sea o no necesario.

Luego, ¿cómo queremos que sean capaces de afrontar una dificultad cuando se les presente? ¿Cómo sabrán esperar o esforzarse por cosas importantes y nobles en la vida? ¿Cómo gestionarán su frustración cuando algo no salga como esperaban si les hemos dado todo? Poco a poco, detalle a detalle. Y esto no tiene que ver con las necesidades básicas, tiene que ver con nuestro deseo de nunca ver a nuestro hijo pasar un poquito de incomodidad, incluso de frustración.

No se trata de ser crueles, ni de privarlos de las cosas por gusto o por alguna necesidad. Esto va más allá, más profundo y, por esa razón, puede costar más entenderlo. Son pequeñas acciones, pequeños momentos a lo largo del día los que nos van a ayudar a desarrollar la paciencia, a fortalecer la voluntad, a cultivar éxitos a largo plazo con constancia y a superar los obstáculos con esfuerzo.

Recuerda, como dirían Juanjo Javaloyes y José Antonio Alcázar, expertos en educación personalizada, que toda acción educativa que realizamos "educa o deseduca", aporta algo o entorpece en algo, porque en la educación no hay neutros. El educar no es solo transmitir conocimientos, es que nuestros hijos *aprendan a vivir* como diría Víctor García Hoz.

6.2 Pensar en los demás

Dentro del tema de los padres poco exigentes, los expertos en educación describen a los "hijos narcisistas", aquellos que han crecido en un ambiente donde los padres atienden todos los caprichos, alaban mucho y les cuesta exigir. Un día oí en una conversación a unos padres que decían que su hijo no saludaba al llegar a un lugar porque "no le gusta". Entiendo que a veces es difícil saludar a desconocidos y, claro que no vamos a pedirles que vayan a saludar de beso y abrazo a todas las personas, pero decir "buenos días" o "buenas tardes" al llegar a un lugar es de buena educación y nuestros hijos tienen que aprenderlo.

También es muy característico escuchar a padres de familia decir cosas como: mi hijo no "quiso" ir a uno u otro plan familiar o constantemente se niega a colaborar con favores hacia los otros integrantes de la familia, entre risas comentan que a su hijo o hijos ellos "les sirven". En muchos hogares la vida familiar gira en torno a lo que los hijos piden o quieren cada día.

Álvaro Bilbao, neuropsicólogo, describe a los niños narcisistas como niños acostumbrados a las alabanzas y privilegios con poco sentido de autocrítica ya que no se les corrige, niños que suelen ignorar a las demás personas del entorno y que se les ha hecho sentir que son más importantes que los demás[12].

Sé que resulta un poco impactante leer estos términos: hijos narcisistas o caprichosos. Estoy segura de que ningún padre o madre educaría conscientemente así. Pero muchas veces, de forma involuntaria, en el transcurso de la infancia descuidamos pequeños detalles que a la larga terminan desarrollando este tipo de actitudes.

Es por ello que ahora quiero hablarte de la importancia de enseñarle a los hijos a interesarse por las personas del entorno, de lo que puedan necesitar los otros integrantes de la familia y no solo atender o poner atención a las necesidades propias. Recientemente, vi un video en las redes sociales donde una señora mayor tenía un contratiempo mientras viajaba dentro del vagón de un tren y solamente se levantaba a ayudarla un muchacho joven mientras el resto se quedaba viéndola desinteresadamente sin colaborar. Impresionante, ¿no?

---

12. Bilbao, Á. [@soyalvarobilbao] (18 de abril 2023). Enseña tu hijo o hija que es especial. Ni más ni menos que los demás. Piensa en un papá o [Fotografía] Instagram. https://www.instagram.com/p/CrLVG4jtE6H/?igsh=MW E2cWcxZ3Z3aHpkdA==

Actualmente, vivimos en un mundo excesivamente individualista, donde prima el satisfacer las necesidades propias antes que nada, pensando siempre en el bienestar particular.

Por supuesto que es importante cuidarse a uno mismo, preocuparse por cubrir las propias necesidades, para poder ayudar a los demás primero tenemos que estar bien con nosotros mismos, pero si permitimos que nuestros hijos crezcan dentro de un estilo egoísta, tendrán dificultades para relacionarse positivamente con los demás. Les costará desarrollar habilidades sociales, les faltará empatía ante las necesidades de los otros y –probablemente– se acostumbrarán a aislarse de las personas que les rodean.

En el libro *Emocionalmente Inteligentes*, Amparo Catret explica que no hay capacidad más importante y esencial de la persona humana que su capacidad de darse, y que ésta es posible únicamente en las personas afectivamente maduras[13]. Cuando una persona se acepta a sí misma como es y desde temprana edad se le ha enseñado a pensar también en los otros, es capaz de ver las necesidades de los demás.

A los hijos podremos enseñarles desde pequeños a darse cuenta primero de las necesidades de los que conviven diariamente con ellos, sus familiares cercanos: ayudar a un hermano pequeño con una tarea o encargo, visitar una tarde a los abuelos para hacerles compañía, escuchar a un amigo contar un problema y luego, progresivamente, enseñarles a interesarse por las necesidades del entorno social, del mundo.

Mucho se habla hoy en día de la empatía, de validar los sentimientos, pero ¿intencionalmente enseñamos esto a nuestros hijos?, ¿les enseñamos a ver más allá de sí mismos?, ¿a ponerse en los

13. Catret, Amparo. (2001). Emocionalmente Inteligentes. 6ª edición. Ediciones Palabra.

zapatos del otro y no solo pensar en las emociones y necesidades propias? La verdadera empatía busca entender la situación de la otra persona. Tender la mano, sensibilizarse ante sus preocupaciones. Algunas oportunidades que pueden presentarse en este ámbito son, por ejemplo, acompañar a un hermano que está enfermo, dejar de hacer algo que teníamos planeado para dedicar ese tiempo a otra persona que nos necesita, hablar con un familiar que está pasando por una preocupación, realizar algún acto de bondad, entre otros.

Por otra parte, es importante también enseñar a nuestros hijos a preocuparse por las necesidades de personas del entorno no tan cercano: ayudar a familias de escasos recursos económicos o personas con alguna enfermedad grave, realizar donaciones o actividades de voluntariado dentro de la comunidad donde se vive o en algún área de más necesidad.

La empatía es una habilidad que se aprende de primera mano de los padres y que se entrena con actos concretos. Sensibilizar a nuestros hijos ante las necesidades de los demás será una de las mejores enseñanzas que podamos darles.

6.3 Y las cosas materiales

Voy a dedicar unas pocas palabras para hablarte de las cosas materiales y el capricho. Actualmente, vivimos en una sociedad de consumo, donde se puede tener acceso a diferentes productos o servicios con relativa facilidad. Compras en línea, servicios de *delivery* al hogar, productos y modas novedosas y llamativas, plataformas de *streaming* para entretenimiento ilimitado, entre otros. También vivimos rodeados de la llamada "cultura de derroche", caracterizada por una mentalidad de tirar, desechar y sustituir. Por ejemplo, cuando algo pasa de moda o hay un modelo nuevo de algún producto, desechamos el anterior (aunque aún cumpla su función) y lo sustituimos por la versión más reciente.

Todos podemos sentir la necesidad de unirnos a esta ola y dejarnos arrastrar por ella; claro que para vivir precisamos cosas materiales. Como padres queremos y debemos procurar proporcionar a nuestros hijos todo lo que necesiten para su vida diaria. Sin embargo, creo que a veces podemos caer en esta trampa del consumismo, quizás sin intención y de forma muy sutil.

¿No has visto lo fácil que es hoy en día hacer compras desde tu teléfono? En un par de *clicks* podemos hacer una compra en un supermercado, pedir *delivery* de alguna comida o medicina, descargar plataformas o juegos...

Y es que el consumo desmedido puede llevar a dar poco valor a las cosas que se tienen, a querer tener lo que tienen los demás, a crearse falsas necesidades y, en muchas ocasiones, a derrochar dinero. Aunque tengas el dinero para proporcionar a tu hijo todas las cosas materiales que te pida, te recomiendo que no lo hagas. Enséñale a saber utilizarlas, a reparar lo que se daña, a valorar cada una de las cosas que tiene, a esperar un poquito por las que quiere tener (y cuando sea más grande a esforzarse por conseguirlas) y a poner el corazón en cosas realmente importantes, nobles y buenas, no materiales. En ocasiones, nuestros hijos e incluso nosotros mismos, podemos pensar que la felicidad se encuentra en las cosas materiales que poseemos o que esperamos tener, provocando un deseo insaciable de siempre querer más y como resultado vivir en constante insatisfacción.

Recuerda que los hijos aprenden de lo que hacen sus padres más que de lo que dicen.

Por tanto, con el tema de las cosas materiales es muy importante el ejemplo que les des. Puedes diariamente modelar el comportamiento de un consumo consciente: darle uso apropiado a los bienes materiales, utilizar las cosas hasta el final, cuidar lo que se tiene, evitar compras impulsivas o superficiales, ser agradecido por las cosas que se tienen y valorar el esfuerzo que se ha invertido en conseguirlas.

Con frecuencia, los padres sentimos la necesidad de dar a nuestros hijos todas las cosas materiales que quizás no tuvimos en nuestra infancia: juguetes, ropa de moda, viajes y lujos, o puede ser también que les ofrezcamos estas cosas a cambio de, por ejemplo, buenos comportamientos o buenas notas escolares. Es importante que nuestros hijos crezcan sabiendo que las personas son más importantes que las cosas. Que las cosas nos sirven para trabajar y para facilitarnos la vida diaria. Que debemos ser siempre agradecidos por lo que tenemos.

Te propongo de nuevo un pequeño test que te ayude a examinar si estás promoviendo hábitos consumistas en tu hogar:

- ¿Te cuesta ahorrar?
- ¿Reemplazas las cosas materiales con frecuencia?
- ¿Realizas compras compulsivas por gusto para ti o para tus hijos?
- ¿Te preocupa no estar a la moda con la ropa, dispositivos electrónicos, etc.?
- ¿Comparas tus cosas materiales con las de tus amigos o familiares?
- ¿Utilizas con frecuencia aplicaciones para pedir comida por comodidad o inmediatez?

PARA RESUMIR

¿Qué hacer?	¿Qué evitar?
– Luchar contra los caprichos, la llamada *ley del gusto*.	– Conceder todo lo que nos piden los hijos.
– Ayudarlos a esperar un poco ante diferentes situaciones.	– Ofrecer gratificación instantánea.
– Enseñarles a interesarse por las necesidades de los demás.	– Fomentar un estilo individualista alabando y premiando sin medida.
– Promover un estilo de consumo consciente.	– Poner las cosas materiales por encima de las personas.

"La adolescencia es una etapa maravillosa, es el camino de transición hacia una vida adulta plena y consciente. Tu hijo crecerá, madurará y se convertirá en un adulto/a responsable que sabrá enfrentarse a la vida y exprimirla como tú has aprendido a hacerlo"

Sonia López Iglesias

7

Miedo a la adolescencia

Y resulta que –de repente– te das cuenta que tu hijo está creciendo y cambiando, que ya no es el niño pequeño que te necesitaba para todo, que quería que lo acompañaras a dormir, que pasaba horas contándote historias que se imaginaba en sus largas horas de juegos, que te seguía a todas partes dentro de la casa… Te prometo que el tiempo pasa sin darnos cuenta, entre tareas, discusiones, logros, llantos, éxitos y cansancio. Crecen así de rápido.

Muchas familias con las que hablo me dicen que tienen miedo, **pánico** a que sus hijos lleguen a la adolescencia y sí, el miedo que sentimos ante la adolescencia es muy parecido al miedo que sentimos cuando llegó a nuestras vidas el recién nacido. ¿Qué tanto cambiará cada uno de nuestros hijos en esta etapa?, ¿a qué peligros se enfrentarán?, ¿harán alguna locura?, ¿será verdad que la adolescencia es la peor etapa en la vida de los hijos?, ¿ya no tengo nada que enseñar a mi hijo en esta etapa?, ¿qué decisiones tomará que afecten el resto de su vida?

También me he dado cuenta que muchos padres –que están viviendo la adolescencia con sus hijos– se encuentran envueltos en pesimismo y negatividad como urgidos de pasar esta etapa sin detenerse a pensar en todo lo bueno que acompaña a estos años.

Al contrario de la ilusión y emoción que presentan cuando nace el bebé, parece como si, al entrar a la adolescencia, los padres se preparan para una batalla, llenos de prejuicios y temores.

La adolescencia es una etapa sumamente importante para la consolidación de la personalidad de los hijos y de su propia identidad, para la búsqueda de propósito, para madurar y orientar su vida hacia el futuro. Estarán conociéndose a sí mismos.

Por tanto, veamos esta etapa con ilusión y serenidad y con mucha emoción también, pero preparados para lo que nos va a tocar vivir y evitar improvisar o tener expectativas muy diferentes a la realidad.

Al ser una etapa desconocida debemos –nuevamente– observar y acompañar con paciencia. En algunos casos esperar y en otros actuar; reflexionar ante cada situación que se va presentando. Cuando los hijos crecen y son relativamente autónomos, cuando comienzan a tener sus propias opiniones y gustos, cuando comienzan a tomar decisiones más significativas, cuando se desenvuelven con soltura y madurez en los diferentes ambientes en los que se relacionan, como papás sentimos un orgullo bueno, un sentimiento de satisfacción de verlos transitar hacia su propio camino, de comenzar a ver los frutos de la educación que les hemos proporcionado a lo largo de la infancia.

Claro que, para esto, nuestro hijo tendrá que pasar también algunas situaciones retadoras donde va a aprender a conocerse. Tanto su cuerpo como su mundo interior (emociones, pensamientos, afectos) se verán transformados por el cambio que todo su ser está experimentando. Estos cambios son una novedad para él o para ella, hay momentos en los que no se reconoce, no entiende el porqué de este proceso y necesita tiempo para adaptarse a estos cambios.

Un ejemplo muy sencillo de esta transformación es el relacionado con el tema del sueño. ¿Sabes que cuando nacen los bebés se habla de que tienen el horario de sueño invertido, duermen en el día y se levantan en la noche? Con los adolescentes suele pasar algo similar, pasan el día "adormilados", con pereza, parece que todo les pesa y pueden dormirse a cualquier hora y en cualquier lugar. En cambio, por la noche, se activan pasando horas frente a las pantallas en juegos en línea o en las redes sociales o en planes sociales con salidas hasta la madrugada. Aquí te recomiendo estar muy atento a dos elementos vitales: el primero, velar para que tu hijo o hija duerma las horas suficientes que su cuerpo necesita, que mantenga su horario y estructura (acorde a su edad), que no pierda los hábitos de estudio y trabajo y, por otro lado, estar alerta a los posibles peligros asociados al uso excesivo de pantallas. Engancharse a ellas de modo desmedido puede traer muchos efectos negativos en su salud física y mental.

También debemos seguir cuidando sus hábitos de alimentación. A veces, parece que a los hijos no se les quita el hambre, pueden comer varios platos de comida como un adulto. Y, por otro lado, en muchas ocasiones a las hijas les preocupa el tema de la alimentación porque no quieren que su cuerpo cambie; aquí se presenta el peligro de los desórdenes alimenticios. Acompañemos siempre con naturalidad y sensatez.

En la adolescencia será muy importante que nuestro hijo practique algún deporte, ojalá que desde niño haya empezado con la práctica periódica del mismo, esto traerá numerosos beneficios a nivel de salud: beneficios físicos y psíquicos además de contribuir a mantener disciplina y responsabilidad. Igualmente podemos fomentar algún *hobby* o afición en la que se muestre interesado o que pueda llevar a cabo con algún miembro de la familia, esto le permitirá evitar muchos tiempos ociosos y mantenerse activo en actividades interesantes. El deporte y las aficiones le ayudarán a estar ocupado e interesado en algo evitando perder el tiempo en cosas inútiles o dañinas.

7.1 Paciencia con el adolescente

En el libro de Sonia López *El privilegio de vivir con un adolescente*[14] leí que solemos tener mucha paciencia con nuestro hijo pequeño, que cuando va aprendiendo a caminar le tomamos la mano o vamos detrás acompañándolo para que se sienta seguro y, en cambio, con el adolescente esperamos impacientemente que logre adaptarse a todos los cambios de manera triunfante, casi sin ayuda y ojalá que en ¡poco tiempo! En ese mismo libro dice que, por alguna razón, intentamos tratar al adolescente o esperamos que actúe como un adulto cuando en realidad aún no ha madurado del todo. Ese es un proceso que tomará varios años. Y es que aunque por fuera parezca que ya es "mayor" sigue siendo aún un niño que nos necesita, que tiene cosas por aprender y que está preparándose para enfrentarse al mundo, ese mundo que hasta este momento lo había transitado de la mano de sus padres.

No quiero que pienses que estoy planteando ideas contradictorias, como cuando dije que debemos ir dejando que nuestro hijo pequeño tome una sana distancia de nosotros y ahora te digo que no dejes al adolescente solo. No, no son ideas contradictorias. Lo que quiero decirte es que tu hijo adolescente te necesita tanto como tu bebé, en otros ámbitos quizás (no vas a recogerle sus cosas, ni hacerle sus tareas, ni darle la comida) pero necesita saber que estás ahí para apoyarlo, confortarlo, guiarlo, comprenderlo, formarlo.

14. López, Sonia. (2023). El privilegio de vivir con un adolescente. Imago Mundi.

Normalmente la adolescencia es conocida como la etapa de la transformación. Pero, si lo piensas bien, todas las fases en la vida de nuestros hijos son de transformación. En el primer año nuestro bebé cambia y crece significativamente, así como lo hace en la adolescencia, deja de ser un niño para comenzar a ser un adulto. Vamos a estar "conociendo" de nuevo al hijo que creíamos conocer perfectamente hasta ahora y él o ella también irá conociéndose: se dará cuenta de que algunas cosas que antes le gustaban ya no le gustan, tendrá nuevos intereses, posiblemente cambie de grupo de amigos y comience a necesitar más momentos de soledad.

Los momentos de soledad. ¡Cómo nos cuesta cuando vemos que nuestro hijo se aparta un poco de nosotros! No hace muchos años ese niño estaba siempre encima de ti hablando, jugando, llorando, pidiendo algo... y ahora quiere estar más tiempo solo, apartado de los demás. Necesita estos espacios para estar consigo mismo, para conocerse y descubrirse. Nosotros, los padres, debemos darle esos espacios, respetarle (aunque sintamos la necesidad de hacerle cuestionarios diarios sobre cómo está y en qué está pensando... ¡qué no daríamos por saber sus pensamientos!). Esta soledad y esta distancia son necesarias para su crecimiento, para su recorrido. No desesperes. No pretendas controlar todo como lo hacías cuando era pequeño. Dale su espacio y respétalo.

Sin embargo (y no creas que voy de nuevo con algo contradictorio), aunque en este momento tu adolescente necesite apartarse de ti, te recomiendo que tampoco lo dejes a la deriva. Tu hijo adolescente forma parte de la familia y, por esa razón, aunque debamos respetar sus espacios, debemos también hacerle compartir los tiempos juntos en familia, pedirle que colabore en casa, que se interese por los otros miembros del hogar y del entorno; esto requerirá que tenga que salir de su cuarto (espacio seguro en el que querrá estar 'escondido' la mayor parte del tiempo) y convivir con los demás.

No sé si has notado que todos los temas de este libro tienen un hilo conductor, se relacionan entre sí y van formando un engranaje de elementos necesarios para la educación de cada uno de los hijos. Tu hijo adolescente necesitará también límites (menos que antes y quizás otros diferentes a los que tenía cuando era pequeño). Al igual que en la infancia, nuestro hijo querrá retarnos y buscará romper esos límites establecidos en casa. Es la forma de contrastar sus criterios, de forjar su personalidad, de probar la autoridad. En este punto tendremos que mantener la firmeza y el cariño que hemos procurado a lo largo de la infancia. Nuestro hijo necesita firmeza, seguridad y coherencia de parte nuestra. No hay nada que eduque más que la consistencia con los criterios y la coherencia al actuar.

Sin embargo, las cosas no serán tan fáciles como antes, porque en la infancia teníamos a un niño que al no conseguir lo que quería lloraba desconsoladamente. Ahora esas reacciones serán diferentes: puede ser que se encierre en su cuarto, que quiera compartir menos en familia, quizás discuta contigo la mayoría del tiempo y se presente incómodo, tosco, rebelde. Recuerda una vez más que cuando tu hijo reacciona así es porque está intentando gestionar su frustración, está probando los límites como cuando era pequeño y está también cuestionando la autoridad de los padres.

7.2 La comunicación

En esta etapa las discusiones seguramente se harán más frecuentes. Cuando tu hijo era pequeño podía llorar o molestarse pero aún no tenía la capacidad para razonar o discutir. Ahora que ha crecido es capaz de cuestionarte, se da cuenta que sus padres no son perfectos y que, muchas veces se equivocan, lo que le lleva a querer "rebelarse" de cierta forma empeorando las discusiones.

El cerebro de tu hijo aún no ha madurado del todo. Por eso podemos notar que sus habilidades comunicativas pueden no ser efectivas dando pie a conflictos y desacuerdos. También, al estar un poco más grande, las discusiones serán más complejas, no todos los temas se resolverán con explicaciones sencillas y tendremos que mostrar también paciencia y serenidad como cuando nuestro hijo era pequeño.

Debes procurar que tu hijo no sea grosero o irrespetuoso, ayudándole a expresarse correctamente y a escuchar lo que papá y mamá le dicen. En esto debes ser modelo tú también. Tu hijo desde pequeño va a imitar tu forma de hablar y de expresarte, y también te reclamará cuando no le escuches. Es importante que tu hijo sepa que puede expresar su inconformidad o frustración pero siempre dentro de los límites de respeto que se han enseñado en el hogar desde la infancia.

Con frecuencia, en medio de la discusión, tanto tu hijo como tú estarán alterados y es muy probable que les sea más difícil comunicarse y entenderse asertivamente. Espera un poco, cuando pase la discusión y vuelva la calma, búscalo y retoma el tema; explícale tus puntos de vista y escucha los de él o ella. Recuerda que si en ese momento lo que está en juego es un límite que han marcado como padres no debes ceder, pero a esta edad ya puedes brindarles más explicaciones que cuando era niño (en algunas ocasiones no las entenderá); pero si hemos sido coherentes, con el tiempo sabrá que son por su bien. Procura también mantener tus convicciones, en todas las edades de tu hijo, pero especialmente en la adolescencia los hijos buscarán contrastar sus opiniones y forjar su criterio y el ver que sus padres mantienen sus convicciones les dará seguridad. A esta edad puede ser común que intenten imitar a sus amigos o que se comparen con ellos. Que sientan presión social para actuar de formas diferentes a las que se viven en casa.

Desde que son pequeños debemos fomentar una buena comunicación con nuestros hijos: hablar de diferentes temas, compartir anécdotas, que nos cuenten sus cosas, pero compartir también nosotros las cosas que nos pasan, que puedan hacernos preguntas, que haya muchos espacios para que cada uno pueda expresar sus opiniones, sus dudas, sus intereses, sus preocupaciones o agobios.

A medida que van creciendo, la información que nuestros hijos nos comparten suele ser más sensible, es importante no escandalizarnos ante lo que nos cuenten o pregunten y evitemos responder bruscamente o eludir temas incómodos.

Interésate también por lo que a él o ella le gusta, los videos que ve, las personas que "sigue" en las redes, acompáñalo en sus gustos e intereses, en sus cosas.

Te voy a contar una norma que tenemos en casa sobre la comunicación: cuando vamos en el coche, los hijos (los más mayores) no pueden ir viendo videos en su teléfono o ponerse auriculares. ¿Te parece radical? Bueno, puede que lo sea, pero a nosotros nos ha funcionado para hacer familia: ir hablando, reírnos, a veces rezar juntos en voz alta, escuchar música o a veces ir en silencio pero sin aislarse y sin meterse en ese otro *mundito* que nos abren hoy día las pantallas. Luego en casa, cada uno tendrá su tiempo (establecido) para dedicarlo a la tecnología. Aprovecha siempre esos espacios, esas conversaciones con naturalidad. También otra costumbre que hemos procurado en casa es siempre cenar todos juntos, desde los hijos pequeños hasta los adolescentes, siendo un momento ideal para compartir y conversar.

Aparte de la impulsividad al comunicarse, podemos notar también la frecuente impulsividad del adolescente al actuar. Nuestro hijo quizás tome algunas decisiones sin haberlas reflexionado, querrá participar en actividades que supongan adrenalina, "emoción", querrá probar cosas nuevas o arriesgadas. Estos impulsos bien encauzados pueden hacer que nuestro hijo se plantee algunas metas ambiciosas y conquiste nuevos retos, cosas que a veces los adultos no somos capaces de plantearnos. Pero debemos guiarlo bien: si estos impulsos no se orientan de la manera adecuda, nuestro hijo podría ponerse en situaciones peligrosas y riesgosas.

Entonces, ¿cómo transitar en esta nueva etapa incierta y desconcertante sin frustrarnos y con optimismo? ¿Recuerdas el vínculo afectivo tan esencial en la infancia? En esta etapa ese vínculo se pondrá un poco a prueba, pero debes luchar por mantenerlo. Entre tu hijo y tú debe existir apertura, flexibilidad y mucha calidez en el trato. Si ese vínculo ha estado basado en la confianza y en la coherencia será un gran aliado en esta etapa. En ocasiones, solo hará falta que nuestro hijo sepa que estamos ahí, que le escuchamos y que le queremos, que le acompañamos con paciencia y con un poco más de distancia que cuando era pequeño y que no le vamos a dejar solo.

7.3 Crecer en fortaleza

En este último apartado quiero que pienses en cómo te imaginas a tu hijo adolescente. ¿Te imaginas que tu hijo tome buenas decisiones, que no se deje llevar por la presión del entorno, que sepa esforzarse por alcanzar una meta? Me imagino que sí. ¿Pero, cómo logramos esto? ¿Cómo podemos evitar ofrecerles siempre la gratificación inmediata? ¿Cómo ayudarles a fomentar la paciencia y perseverancia? Pues una aliada infalible es la virtud de la fortaleza.

Sé que en la actualidad estas palabras se oyen muy poco: virtud y fortaleza. Te las explico brevemente a continuación. La virtud es una disposición de la persona para obrar bien, es una cualidad que refleja un comportamiento moralmente bueno y ético. En palabras sencillas es el hábito de obrar, actuar o hacer las cosas bien (aunque cueste o sea más difícil); y de escoger lo que es bueno.

Algunos ejemplos sencillos que ilustran el hábito de obrar bien son: devolver un objeto perdido a su dueño, recoger algún tipo de basura de un lugar público (parque, autobús) para mantener la limpieza, ayudar a una persona con una contrariedad (ofrecerse a ayudar a una señora desconocida llevando unas cajas pesadas o sostener el ascensor para que suban unas personas que vienen detrás); por otro lado, algunos ejemplos de escoger lo bueno tienen que ver con escoger lo que hace bien a la persona, no necesariamente que es bueno porque gusta: dormirse a la hora establecida para obtener un buen descanso (aunque lo que guste sea quedarse viendo videos hasta tarde); hacer ejercicio físico aunque cueste o se sienta cansancio; mantener el orden material en la propia casa o con las pertenencias.

La fortaleza es la capacidad de una persona para enfrentar la adversidad, resistir en la dificultad, mantenerse firme ante sus creencias, principios y metas, aunque las circunstancias le sean contrarias. La fortaleza es esencial para el desarrollo de la resiliencia y para superar obstáculos. Te ilustro la fortaleza con los siguientes ejemplos: estudiar para una asignatura compleja, no dejarse llevar por la presión social para comportarse de cierta manera dentro del grupo de amigos o ser constante con los compromisos adquiridos, aunque no se tenga siempre motivación.

Pero volvamos a nuestro entorno inmediato, a nuestra familia y nuestros hijos. ¿Qué tiene esto que ver con nuestro hijo pequeño o con nuestro adolescente? ¿No estamos hablando de términos demasiado elevados como adversidad, moral y principios?

Y es que cuando hablo de fortaleza no quiero decir que vamos a hacer que nuestros hijos soporten injusticias. La fortaleza nos servirá para que nuestros hijos sean dueños de sí mismos, para que puedan con libertad conducir sus comportamientos y orientar sus emociones, para que sepan esperar y esforzarse por una meta, un trabajo, para resistir una incomodidad sin drama… en resumen, dirigir su vida.

La fortaleza se hará presente cuando nuestro hijo decida no ir a una fiesta a la que asistirán sus amigos porque sabe que habrá drogas y alcohol; cuando dedique varias horas a hacer sus tareas aunque "no tenga ganas", que muestre resiliencia ante una dificultad o cuando se coma platos que se sirvan en la cena y que no son de gusto.

Dirigir su vida: la fortaleza se caracteriza por escoger lo que sabemos que está bien aunque no sea lo que queramos hacer en ese momento, aunque sea difícil y nos cueste. Resistir ante un poco de incomodidad, esforzarse cuando las cosas no salen bien a la primera, esperar un poco por la recompensa y luchar contra el capricho son características de la persona fuerte.

Una persona que conocí hace muchos años contaba el siguiente chiste cuando hablaba de este tema y decía que un amigo luego de darse una buena comida se decía a sí mismo: "bien comido y bien bebido, ¿qué más quieres cuerpo mío?, ¿estudiar? No puedo darte todos los gustos". Y es que a veces nos comportamos así o dejamos que nuestros hijos se comporten así. Primero hacer lo no importante o darse muchos gustos en cosas que quizás no son las correctas o que realmente no convienen y luego evitar o justificar lo que realmente se debía hacer.

¿Sabes cómo podemos fomentar la fortaleza en nuestros hijos? ¿Cómo esculpirla poco a poco en su personalidad? Ejercitándola. Con pequeños actos al igual que he mencionado a lo largo de este libro. Pequeñas acciones concretas acordes a la edad. Repito: acordes a la edad. No vamos a pedirle a nuestro hijo algo para lo que no está preparado aún ni vamos a esperar que de un día a otro lo logre sin dificultad. Como el corredor que recorre cada día unos cuantos kilómetros y va a acostumbrando su cuerpo al esfuerzo, al cansancio, y así progresivamente, unos kilómetros más cada día, hasta que logra un maratón. Así se ejercita también la fuerza de voluntad, con pequeñas metas realistas que les ayuden a tener oportunidades de éxito y les motiven para seguir esforzándose.

Voy a mencionarte diferentes ejemplos, adicionales a los que mencioné anteriormente, que pueden servir para ejercitar la fuerza de voluntad:

- Evitar las quejas ante el calor, el frío, el hambre, la sed, el cansancio.
- Comer los alimentos que se cocinaron en casa (sin quejarse de que eso no era lo que querían).
- Levantarse a la hora establecida, irse a dormir a la hora establecida.
- Colaborar en las responsabilidades de la casa.
- Hacer sus tareas escolares.
- Asistir con constancia a las actividades extracurriculares en las que se han inscrito.
- Mantener una actitud positiva ante las contrariedades: un examen difícil, un trabajo complejo.
- Asumir alegremente cuando los planes no salen como se esperaban o no se llevan a cabo según el gusto de cada uno.
- Cumplir los compromisos que han asumido.

PARA RESUMIR

¿Qué hacer?	¿Qué evitar?
– Muéstrate siempre abierto en esta etapa, recuerda que tu hijo está cambiando y necesita tu apoyo y compañía.	– Impacientarte ante los cambios.
– Dale responsabilidades y motívalo a compartir en familia.	– Cuestionarle e interrogarle por todo.
– Fomenta una buena comunicación con tu adolescente.	– Esperar que actúe de forma madura como lo haría como un adulto.

"Encuentra unos minutos al día para estar a solas y en quietud; es una de las mejores formas de mantenerte sano y equilibrado"

Mario Alonso Puig

8

Miedo a la incomodidad

A lo largo del libro he hablado de que tu hijo necesita que sus necesidades básicas estén cubiertas; también de la importancia de establecer ciertos límites para enseñarle lo que es correcto y lo que no, lo que se debe hacer y lo que no, así como enseñarle a tomar pequeñas decisiones que favorezcan el desarrollo de su autonomía e independencia. Esto es lo fundamental en los años de infancia y en esto nos tenemos que enfocar como padres todos los días.

Entonces sentimos que puede aparecer el cansancio. Porque sí, ser padres implica cansancio. Mucho cansancio. Para el resto de la vida: cansancio.

A veces pienso que los seres humanos solemos ser un poco inconformes, cuando nuestros hijos son pequeños queremos que crezcan porque cambiar los pañales y las noches sin dormir son agotadoras. Luego, cuando van creciendo, quisiéramos que volvieran a ser bebés porque eso de caminar y correr por todos lados nos preocupa, cuando comienzan a retarnos y a probar los límites nos impacientamos y añoramos los años cuando eran bebés.

Y es que todo esto nos produce cansancio. ¿Recuerdas que al principio decía que a partir de que nace nuestro hijo siempre nos preocuparemos por alguien distinto a nosotros mismos? Esa preocupación, más todo lo que supone la crianza, claro que produce cansancio, debemos aprender (o querer, diría José María Contreras en su libro *101 preguntas sobre la educación de los hijos*) a educar cansados[15].

Creo que, también muchas veces, somos bastante dramáticos al respecto. Yo considero este cansancio —en su mayor proporción— como un cansancio bueno, como el cansancio que siente un corredor al llegar a la meta, es un cansancio que va a acompañado de satisfacción, de estar persiguiendo una meta, de una lucha increíble por uno de los mejores fines que puede tener nuestra vida: formar a nuestros hijos, acompañarlos y ayudarlos a crecer.

Tampoco quiero que pienses que estoy intentando sonar romántica al respecto. Es un cansancio real, físico y mental; es ir dejando parte de nuestra vida (tiempo, lágrimas, sudor) en el camino.

8.1 Los enemigos

Y es que aparte del cansancio existen unos enemigos que empeoran la situación. Uno de ellos es el *perfeccionismo*: el querer llegar a todo, hacer todo, quedar bien en todo lo que tiene que ver con nuestros hijos. Ya mencioné que como padres debemos proporcionar las cosas que nuestros hijos necesitan pero siendo realistas: una cosa es que vayan al colegio todas las mañanas bien presentados bañados y peinados y otra muy distinta es que cada peinado sea como sacado de *Pinterest*; o por ejemplo que nuestro hijo realice todos los días de la semana una actividad extracurricular diferente porque es lo que está de moda entre sus compañeros o

15. Contreras, José María. (2021). *101 preguntas sobre la educación de los hijos*. EUNSA.

asistir a cada una de las actividades sociales que se organizan para no perdernos nada.

En la educación, el perfeccionismo puede llevarnos a ser padres excesivamente exigentes con expectativas poco realistas, con dificultad para manejar las equivocaciones o defectos de nuestros hijos y, muchas veces, con dificultad para la flexibilidad y apertura.

El perfeccionismo (en todos los ámbitos de nuestra vida) siempre será agotador y en la mayoría de los casos también nos causará inconformidad pues siempre pensaremos que hemos podido hacerlo mejor o que las cosas podían haber sido diferentes.

Otro elemento enemigo que normalmente acompaña al cansancio es la *queja*: el dedicar minutos y horas al día a decir y a hablar de que los niños nos cansan, que llevarlos al colegio cansa, que tenerlos en casa de vacaciones cansa, que discutir con ellos cansa… Cuando van creciendo nos cansan otro tipo de cosas: sus contestaciones, sus actitudes, sus desplantes, sus salidas… Esto se convierte en una bola de nieve, cada queja se suma haciendo una avalancha gigante y pesada que nos arrastra, aplasta y desmotiva emocionalmente.

Te propongo también evitar las quejas: si ya sabemos que el cansancio es parte de esta etapa intentemos asumirlo de la mejor forma, con alegría e ilusión y con realismo. Por quejarnos no vamos a estar menos cansados, lo más que lograremos es amargarnos un poquito más. Te lo digo no solo para que no te amargues sino porque imagínate lo que piensan y sienten nuestros hijos cuando nos oyen quejarnos. Primero sentirán tristeza y, aparte de eso, se verán influenciados por esa actitud y –lamentablemente– la copiarán.

Una compañera de trabajo me oyó un día hablar de este tema y me comentó que en su casa lo normal era quejarse: que, cuando cenaban, el tema de conversación eran las quejas de todos los miembros de la familia, ella me decía: "yo crecí así y quiero cambiar, pero me cuesta muchísimo". Pongamos intención también en esto, procuremos evitar las quejas o al menos disminuirlas cuando estamos en familia.

8.2 El descanso es posible

En una conferencia que di a madres con bebés recién nacidos les comentaba que tenemos que aprender a buscar momentos de descanso dentro de nuestra dinámica familiar, entre el horario de trabajo, los compromisos sociales, las responsabilidades del hogar y de los hijos… varias de ellas me vieron con cara de asombro, incluso con un poco de incredulidad.

Tanto papá como mamá necesitan tiempo solos en pareja y tiempos de soledad para hacer actividades que les enriquezcan y les ayuden a descansar. Descansar no es necesariamente hacer nada, aunque una buena siesta será a veces necesaria y reconfortante.

Procura buscar un tiempo para ti haciendo alguna actividad que te ayude a despejar la mente y a relajar el cuerpo: leer un libro, hacer ejercicio, ver una serie, rezar, llamar a una amiga o salir con un grupo de amigos, una cena papá y mamá. Incluso, si es posible, un viaje un fin de semana de vez en cuando. Piensa en metas diarias o a corto plazo pero realistas (porque a veces pensamos que la única forma en que podremos descansar es si nos vamos todo un día de *spa*).

Sé que en este momento puedes estar pensando con una sonrisa irónica que eso de descansar no es posible, que seguro algún día se podrá, pero que ahora es una utopía pensar que existe tiempo para dedicarlo a uno mismo, para dormir y descansar, para estar en silencio o para hacer una actividad fuera de casa.

La verdad es que sí es posible, solo hay que proponérselo. Organizarse como organizamos el horario de trabajo, poner lista de prioridades, negociar las responsabilidades entre papá y mamá. Santiago Álvarez de Mon en su libro *Mi Agenda y yo* dice lo siguiente: "Si uno quiere, el tiempo se encuentra, porque de hecho existe. Solo se necesita una reorganización clara de los distintos frentes abiertos"[16]. Quizás tengas que usar tu creatividad, negociar horarios, hacer un pequeño esfuerzo adicional para conseguir ese espacio. Inténtalo, verás cómo es posible y te vendrá muy bien.

Descansar es necesario para poder educar bien.

Este ejercicio de reorganización funciona para ordenar nuestras prioridades y las diferentes actividades que nos propongamos. ¿No te has dado cuenta que las personas que parecen ser las más ocupadas son las que logran organizarse mejor?

¿Recuerdas que al principio del libro te comentaba que el tiempo pasa rápido y que hay situaciones que no duran para siempre? Pues el cansancio o la "falta de tiempo" es también una de ellas. Nuestro bebé no siempre se va a levantar a medianoche, aprenderá a comer solito, será capaz de inventar sus propios juegos.

8.3 El aburrimiento

Ahora quiero dedicar unas cuantas líneas a otra forma de incomodidad que puede ocurrirle mayormente a nuestros hijos y que es difícil muchas veces para los padres manejarla: el *aburrimiento*.

16. Álvarez de Mon, Santiago. (2017). *Mi agenda y yo*. Tercera Edición. Plataforma Editorial.

Parece que los padres hoy día deben no solo educar a sus hijos y proporcionarles las necesidades básicas sino que, además, deben en todo momento buscar y proporcionar todas las formas de entretenimiento posibles: planes sociales, distracciones constantes, juguetes llamativos, dispositivos electrónicos con internet, actividades de esparcimiento, paseos, entre otros.

No me malinterpretes. Soy una defensora de utilizar el tiempo en actividades productivas y evitar en la medida de lo posible "desperdiciar" el día en horas de ocio. Pero también es importante enseñar a nuestros hijos desde que son muy pequeños a jugar en casa, explorar el entorno, usar su creatividad para divertirse y no depender de estímulos externos para distraerse.

Y es que hay algo también importante que nos debe hacer reflexionar y es enseñar a nuestros hijos a estar en casa, a compartir en la tranquilidad y la calma, a saber pausar el ritmo acelerado que normalmente llevamos todos. En un post de Instagram leí la siguiente idea de Marian Rojas, psiquiatra: "una mente que no sabe reposar pierde rápido el control de las emociones"[17]. No podemos estar siempre en un ritmo atropellado, lleno de estímulos y distracciones. Es importante enseñar a los hijos a bajar el ritmo, a disfrutar en la calma, a tener espacios que los ayuden a reflexionar, a pensar, a utilizar su imaginación, a concentrarse en una actividad o tarea con serenidad.

Muchas veces podemos caer en ese espiral de salidas, actividades, de estímulos externos (pantallas, juegos en línea) y perdemos de vista lo importante que es también el tiempo que pasamos juntos en casa, todos los miembros de la familia. Te recomiendo

17. Rojas, Marian. [@marianrojasestape] (13 de abril de 2024) Que llevamos una vida extremadamente intensa y agitada, llena de distracciones, gratificaciones y recompensas instantáneas, es una realidad innegable. [Fotografía] Instagram.

fomentar espacios donde se pueda conversar, donde se dedique tiempo a compartir en familia haciendo todos una misma actividad, disfrutando de la compañía de cada uno de los miembros del hogar.

Por otra parte, puede suceder también que para evitar estos momentos de aburrimiento acostumbremos a los hijos a utilizar dispositivos electrónicos. Esos dispositivos que proporcionan horas y horas de ilimitados vídeos, juegos en línea, series, películas, *reels*,... Te recomiendo ser muy precavido con este tema, los contenidos atrayentes de las pantallas enganchan a nuestros hijos haciéndoles perder interés por las actividades y sobre todo por las interacciones sociales *offline*.

Te sugiero las siguientes actividades que promueven la creatividad e imaginación, desarrollan la paciencia y pueden realizarse en familia:

- Actividades de dibujo y pintura.
- Actividades relacionadas con la naturaleza: caminar, explorar, jugar en el jardín.
- Actividades de construcción: legos, piezas de madera, rompecabezas.
- Juegos de mesa.
- Lectura de cuentos y libros.
- Hacer alguna actividad manual.
- Escuchar música.

PARA RESUMIR

¿Qué hacer?	¿Qué evitar?
– Mantén la ilusión y el optimismo aunque estés cansado.	– Las quejas constantes.
– Organiza tu horario.	– El perfeccionismo.
– Realiza diferentes actividades que te ayuden a descansar: leer, hacer deporte, salir.	– Llevar un ritmo acelerado de planes sociales, actividades de entretenimiento…
– Deja que tus hijos se "aburran" de vez en cuando.	– Hacer constantes planes sociales, proporcionar paseos.

Epílogo

Al llegar al final de este libro, confío en que hayas encontrado en sus páginas una guía útil, clara y fácil de seguir. Espero que los temas que he seleccionado y desarrollado te sean de gran utilidad en la increíble tarea de educar a tus hijos. Recuerda que estos capítulos están siempre disponibles para ti, como una fuente de orientación en tu aventura como padre o madre.

Sé que la tarea que tienes entre manos puede parecer abrumadora en ocasiones, pero recuerda que cuanto más claras tengas tus ideas y metas, más sencillo será el camino. Mantén siempre viva la ilusión y el optimismo, pues acompañar a los hijos crecer es una de las grandes maravillas de la vida.

El otro día leí una frase que me hizo reflexionar, estaba en inglés pero en español podría traducirla en algo como lo siguiente: "no me considero un constructor de nido vacío, sino un impulsor de vuelo".

Impulsor de vuelo. Con serenidad, sin apuros y sin nerviosismos, con alegría e ilusión te animo: ¡No tengas miedo de ayudar a tus hijos a alzar el vuelo!

Muchas gracias por haberme acompañado en estas líneas. ¡Ánimo!